第一季

從長安到羅馬

中央廣播電視總台 中國國際電視總公司　編著

中華教育

CHANG'AN
MEETS
ROME

羅馬

那不勒斯

佛羅倫薩

威尼斯

巳里

奧林匹亞

雅典

帕特雷

卡蘭巴卡

依普薩拉

伊斯坦布爾

阿達帕扎勒

卡斯塔莫努

托卡特

特拉布宗

索契

納溫諾米斯克—阿爾馬維爾—邁科普—克拉斯諾達爾

阿斯特拉罕

五山城

埃利斯塔

哈薩克斯坦—庫利薩雷

阿特勞

努庫斯

撒馬爾罕

塔什干

奇姆肯特

陝西村

阿拉木圖

霍爾果斯

烏魯木齊

吐魯番

哈密

敦煌

嘉峪關

張掖

蘭州

天水

西安

CONTENTS 目錄

PART 5

軍事探尋

CHANG'AN
MEETS
ROME

代　序

穿越古今絲路探尋
講述文明交融互鑒

唐世鼎

很高興我和我的同事從中國出發，飛越絲綢之路來到遠隔萬里的意大利，與大家相聚在美麗的羅馬。剛才觀看了《從長安到羅馬》短片，有瞬間穿越千年之感。

紀錄片是一個國家的相册，也是一種國際語言，具有再現歷史、記錄現實、啟迪未來的功能，是傳播文化交流，促進民心相通的重要載體橋樑。

2019 年 3 月中國國家主席習近平成功訪問意大利。由中央廣播電視總台所屬中國國際電視總公司，聯合西安廣播電視台、北京愛奇藝科技有限公司等推出的百集 4K 微紀錄片《從長安到羅馬》，是中意雙方在「一帶一路」框架下取得的首個影視合作成果，也是中意媒體精誠合作奉獻給全球觀眾的一部佳作。

穿越古今尋根，致敬歷史文化。中國和意大利同是歷史悠久的文明古國，是東西方文明的傑出代表。對中國而言，絲綢之路是中國人最早了解世界、走向世界的窗口和通道，而絲綢之路的兩端就是當時的兩個世界大國——中國與羅馬帝國。歷時一年多，我們精心推出的紀錄片《從長安到羅

馬》，聚焦古都長安和古城羅馬，從以往和現實比較與穿越中，回顧厚重的歷史，講述塵封的故事，對中意兩國觀眾來說，是一次難得的文化尋根。

講述絲路故事，詮釋「絲路精神」。作為「絲綢之路電視國際合作共同體」成員間重點合作項目，我們把此片看作是詮釋以和平合作、開放包容、互學互鑒、互利共贏為核心的「絲路精神」的重要契機，着力從形式和內容，尋求突破創新。全片分為 10 個主題，邀請 7 名當代中國知名學者與十餘位意大利專家，圍繞經貿交往、文化形態、社會生活、城市建築、飲食起居等文明多個維度，跨越東西實地探尋，穿越時空深入對話，成為「一帶一路」倡議提出以來，中意雙方卓有成效的文化合作。我們堅持國際視角，精心打造文化產品，講述絲路故事，弘揚絲路精神。並進一步放大合作成果，將該片譯製為意大利語、英語等多種語言，在中國、意大利等亞洲、歐洲與非洲多國同步發行，帶領全球更多的觀眾，走入中意兩國文化交流的時空隧道，感受「一帶一路」在當代國際社會所煥發出的巨大魅力。

深化彼此「中意」，推動文明互鑒。習近平主席 2019 年 3 月訪問意大利前夕，在意大利《晚郵報》發表署名文章，倡議鼓勵兩國文化機構聯合拍攝影視作品，為世界文明多樣性和不同文化交流互鑒作出新貢獻。今天，《從長安到羅馬》在意大利落地發佈，正是我們踐行職責使命、推動文明交融互鑒的重要行動。兩千多年前，古羅馬詩人維吉爾和地理學家龐波尼烏斯多次提到「絲綢之國」，一部《馬可·波羅遊記》在西方掀起了歷史上第一次「中國熱」……拍攝中，我們不斷為中意自古以來的友好交往、文明交流所震撼與思考，怎樣才能用鏡頭展現一個個片段，用電視語言述說一段段歷史，讓該片成為兩國觀眾共同追捧的「中意」節目？為此，我們以精益求精的工匠精神，用心用情用力，反覆打磨，力求呈現給大家一部全新的 4K 紀錄精品。

在拍攝中，我們得到了意大利國家電視台等各界朋友的真誠幫助與支持，在此表示衷心的感謝。

2019 年恰逢新中國成立 70 週年，70 年來中國發生了翻天覆地的歷史性變化，一個更加開放的中國正敞開大門擁抱世界，歡迎大家到中國來！2019 年也是中意建立全面戰略合作夥伴關係 15 週年，2020 年中意兩國迎來建交 50 週年。意大利著名作家莫拉維亞寫道：「友誼不是偶然的選擇，而是志同道合的結果。」面對未來廣闊的市場空間和合作機遇，我們期待以此片為契機，開啟新時代中意媒體友好合作的新征程，結出更加豐碩的果實！

唐世鼎

中國國際電視總公司 總裁

（節選自 2019 年 7 月 18 日在羅馬舉行的百集 4K 微紀錄片《從長安到羅馬》發佈會上的講話）

序

絲綢之路的終點站 —— 羅馬和長安

[意] 阿德里亞諾 · 馬達羅

經過幾個世紀的努力，在位於古代世界兩端的意大利和中國之間，道路逐漸形成，文明、文化、宗教往來其間。這兩大文明沐浴了不同的陽光而各自走向成熟，吸納了不同的思潮、不同種族的表達而獲得獨特啟發，但在不知不覺中它們又互相尋找，沿着大篷車的路線邂逅相遇，互相比較，彼此渴慕。絲綢之路代表了地球上一端與另一端之間形成的廣闊空間，文明、文化和宗教在其中求同存異。如果用一個不那麼帶文藝氣息的現代術語來形容的話，那就是「全球化」。古代絲綢之路這條受到偏愛的路線，一路綠燈向前，這是因為人類本能地選擇挑戰孤獨，突破限制，力求極致。一個字，敢！

至少在絲綢之路形成的七八個世紀之前，斯基泰人已經開啟了商貿之路。在從中亞西北部向裏海遷移的過程中，他們是第一批將絲綢帶入西方的商人，而絲綢得到了古希臘人的青睞。這發生在羅馬建城之前很久。那時，裏海是已知世界的最邊緣，而對在此之外的東方——太陽升起的地方，西方人一無所知。之後，波斯商人壟斷了絲綢之路，羅馬人企圖通行卻屢試無果。羅馬人與帕提亞人之間激烈持久的戰爭也是為了爭奪絲綢之路的控制權，為了那唯一的目標——絲綢。可惜一切皆是徒勞。甚至早在公元前 1 世紀，漢人也嘗試過前往羅馬帝國，但是同樣無果。帕提亞人小心地控守着絲綢

之路，力求不落旁人之手，於是這條神祕之路又綿延百年，繼續連接着世界兩端——從黃河河谷到地中海。

　　要不是為了絲綢，羅馬人絕不可能一直惦記着這條神祕之路。為了採購香料，尤其是胡椒，羅馬人已經成功地開通了前往印度的航線，途中未遇阻攔。羅馬人通過帕提亞人而接觸到絲綢，到達中國最保險、距離最短的路線無疑便是陸路。對此，中國古代歷史學家給我們留下了確鑿的文獻。閱讀相關文獻，我們可以得知，羅馬的問題在於無法直接購買生絲，因為他們想自己製造織物。而帕提亞人卻不賣紗線給羅馬人，而是出售他們自己生產的織物，通過這種方式來提高商品價格，獲得更多利益。因此，不難想像他們為何極力反對羅馬與原材料生產地——漢王朝直接接觸。另外，羅馬人並不明白絲綢是種甚麼產品，他們沒想到絲是由蠶吐出來的，而以為它是由某種樹葉的絨毛製成的植物紗。

　　從中國歷史學家那裏，我們還了解到帕提亞人如此小心提防的原因：他們不如羅馬人善於加工織物，擔心一旦羅馬人能直接從原產地購買生絲，就不再從帕提亞購買絲織品，他們便丟掉了這些「客戶」。當時歷史學家的記載中，我們知道羅馬人「非常渴望能從中國直接購買生絲，因為羅馬人非常善於加工絲綢，他們在染色方面也更強，染出的顏色更鮮豔絢麗。因此，他們更希望能從原產地購買絲綢，用自己的方式生產織物，而不是從帕提亞人或者裏海附近其他民族那裏購買絲綢成品。」

　　羅馬與帕提亞帝國幾百年來的戰爭都是由絲綢引起的，羅馬人始終想要在絲綢之路上自由通行，進而前往漢王朝。在多年的戰事裏，羅馬最慘烈的一次敗仗是發生在公元前 53 年的卡萊戰役，羅馬軍團的將領克拉蘇在這場戰役中殉難。

絲綢之路也因這些兩千多年前的往事而顯得愈加神祕，它的傳奇與遙遙千里之路程、人與自然所增添的磨難交織在一起。但不管怎樣，文明已經沿着這條路啟程，最終任何軍事力量都無法阻止。與通過武力人為阻隔相反，在隨後的很長一段時間裏，所有跨越歐亞的地區都有意保障絲綢之路的安全並持續開拓其路線。由此，絲綢之路存在了將近 15 個世紀，直到它不再擁有商業優勢，而海路變得更加安全。

　　但無論如何，歷史已經賦予了它足夠的傳奇色彩——絲綢之路開拓之初的宏偉磅礴氣勢傳承了下來。從一開始，絲綢之路就代表着人類打破蒙昧、恐懼、未知和孤立無援狀態的意志。空間上的連接演變成時空上的對話，那便是人類交流的願望。沒有甚麼能夠阻止人們走上絲綢之路的堅定信念。帕提亞人和羅馬人之間的戰爭終將結束。與絲綢之路所展現的宏大視野相比，死守邊界的理念也終將會被時代淘汰。

　　其實，羅馬人早已想到開闢一條位於更北方位的新路來克服重重障礙。他們本想從達契亞（今天的羅馬尼亞）出發，穿越現在的俄羅斯和哈薩克斯坦，從新疆的高原牧場進入中國。這是個好主意，但是由於蠻人入侵迫在眉睫，羅馬的軍事戰略家們認為應該聯合軍力，保衛受到威脅的帝國，因此尋找新路的計劃被迫終止。也許羅馬人設想的那條新路將會使他們大獲成功：新路將縮短行路時間，並消除綿延的山脈和無盡的沙漠所帶來的大部分危險。那條新的「羅馬絲綢之路」本可以是一條「更直接」的路線，經庫車、吐魯番和敦煌，連接北方商隊的線路樞紐，更快地到達甘肅走廊，繼而到達黃河，最後抵達長安。

　　「長安」！這個神奇的詞照亮了車夫的臉龐。充滿傳奇故事的富饒之都

長安——四面城牆拱衛的大都市、世界的中心，混居着各色人種，充滿冒險精神，也彌漫着貪婪的氣息。人們從這裏開始了通往遙遠地中海沿岸的偉大旅程。來來往往的商隊匯集在西門內西市的大廣場上，熙熙攘攘的商人和冒險家在眾多等待出發、溫順馴良的駱駝間紮營。在他們面前展開的是未知而野蠻的「西域之地」，在那兒可能埋伏着心思叵測、無法無天之徒，可能散佈着大自然的重重阻礙，這使得他們須花上數月甚至數年時間勇敢地前進，始終朝着日落的方向才能到達目的地。

商隊出發了，他們將命運交給上蒼，或更簡單地交給某顆幸運星。那些從中國內陸出發前往西域的人，面對未知的太陽落山之地往往感慨萬千，唐代詩人王維唱出了他們的心聲：

勸君更盡一杯酒，西出陽關無故人。

長安先後成為漢代和唐代的首都。在唐代，長安是當時世界上最大的城市，也是最具國際性的城市。長安，作為絲綢之路的起點站和終點站，在近一千年的歷史歲月中是最令東西方商人們垂涎的目的地、美食之地，是對那些成功克服上萬公里路途的阻隔，翻越沙漠、山川、牧場和大草原，穿過廣闊而荒涼土地的人們的褒獎，因為他們為到達這裏至少要花上三年的時間。

東方之龍在其雄心勃勃的壯思中，想像羅馬帝國是「偉大的西方中國」：西部荒蕪的沙漠和不可翻越的山脈，這些其實是東方帝國版圖的寫照，是中央之國（中國）沿着其文明的搖籃——黃河流域出發而建立的想像圖景。

而在世界的另一端，鷹之帝國羅馬對東方的塞里斯國（拉丁文，意為

絲國）有更為準確和客觀的認識，那裏出產神祕的絲綢並在羅馬按等量黃金的高價出售，極具商業價值。

儘管幾個世紀以來兩大帝國相互尋找以求相遇，但這古代世界的兩大文明之國卻未曾真正見面。在向東方進軍時，儘管絲綢在不斷地召喚，羅馬軍團卻始終沒能越過美索不達米亞平原。而另一端的中國，也從未進軍以抵達地中海神話般的海岸。羅馬出產的玻璃令中國着迷，但這沒能成為她向西方發起征戰的理由。古往今來，東方帝國更注重自我傳承。而在遙遠的西方，人們對中國文學或者對形而上學也很有興趣，他們想要接近她，很多時候並非出於實際的政治或商業需要。

總之，羅馬和長安在很長一段時間裏都被公認為是兩個文明的終點站——西方的羅馬帝國和東方的中華帝國。兩千年後，地球上的這兩個端點仍然代表着人類文明的兩個終點，代表着兩種不同思想文明的邂逅相遇、相互理解、相互尊重。今天，我們攜手建立嶄新的友誼，翹首期盼兩個文明的象徵——羅馬鷹和中國龍真正相遇。

CHANG'AN
MEETS
ROME

CHANG'AN
MEETS
ROME

文明密碼

蒙曼，現任全國婦聯副主席（兼）、中央民
族大學歷史文化學院教授，碩士生導師，
中國古代史碩導組長。主要研究領域為隋
唐五代史及中國古代女性史。自 2007
年以來，5 次登上央視《百家講壇》，主
講《武則天》《太平公主》《長恨歌》等。

講述人　蒙曼

01　永恆之城

　　羅馬被譽為永恆之城，走進它，就像不小心鑽進了時空隧道，隨便哪一個轉角，都可能與千年的歷史相遇，這種穿越感異常奇妙。著名的古羅馬廣場就像一個巨大的露天博物館，裸露着古羅馬輝煌的歷史。兩千多年前，這裏曾經是西方世界最榮耀的地方，如今，那些宏偉的皇宮、莊嚴的神殿，只剩下這些斷壁殘垣。看着這片廢墟，我不禁想問：古羅馬帝國早已經滅亡，我們真的還能在這些遺跡之中尋找到永恆的羅馬嗎？

　　同樣，今天的西安也交織在古老和現代之間，那麼，我們還能看到當年的長安在鼎盛時期的輝煌嗎？大明宮含元殿是大唐王朝（618年—907年）的權力中心，17位皇帝曾經在這裏辦公。當年的文武百官、各國使節，就是從前面的丹鳳門魚貫而入。九天閶闔開宮殿，萬國衣冠拜冕旒。大唐盛世就是這麼氣象萬千。一千多年過去了，千宮萬殿早已化作塵土，如今，這裏只剩下一片巨大的夯土地基。我是研究唐史的人，觸摸着大明宮這一方夯土，心中確實感慨萬千。物質的輝煌終將歸於泥土，那麼，長安的永恆又藏在哪裏呢？

　　為了追求永恆，古羅馬帝國的統治者們選用最堅固的石材，把羅馬建成了一座固若金湯的石頭王國。不僅如此，他們還將羅馬城稱為永恆女神，希望借助神力，繼續帝國千秋萬代的輝煌。遺憾的是，石頭和女神並沒有能夠

古羅馬廣場遺址

大明宮遺址

保佑古羅馬，戰爭最終摧毀了這座千年帝國。然而我發現，雖然羅馬帝國已經滅亡了，但古羅馬文明中那些有着頑強生命力的文化基因卻並沒有消失，而且至今仍然活在意大利人的建築、法律、文學乃至生活細節中，深刻地影響着整個西方世界。

在地球的東方，中國的皇帝同樣渴望萬歲、萬歲、萬萬歲，但他們並沒有選擇用石頭蓋宮殿，而是用最堅固的石頭刻下了無形的思想。那些刻在石碑上的文字轉化成了中國人世代相承的傳統。在一脈相承的儒家思想中，在獨領風騷的唐詩宋詞裏，甚至在你習以為常的生活細節中，那些無形的文化基因早已滲透在我們的衣食住行中，不經意間就會端到我們面前，就像我們熟悉的這碗餛飩。

餛飩是從大唐穿越而來的美味。在唐代，餛飩是一種非常有名的早點，當時的長安城還有一個胡同就叫餛飩曲。你能想到嗎？相隔千年，我們跟古人吃的是同樣的餛飩。

永恆，可以小到一頓早餐，小到一隻放飛的風箏。在唐代，放風箏曾經是風靡一時的活動，無論是宮裏的妃子，還是民間的小朋友，都喜歡這個活動。每到風和日麗的時候，大唐長安的天空也跟今天一樣，風箏滿天飛。

我們和古人共用着同一片天空。文明就像這些飛舞的風箏，而那根傳承的線，其實就握在我們每一個人手中。別以為古代文明與我們無關，其實，那些久遠的文明早已長在每個人的身上，刻在每個人的心裏，流淌在每個人的血液之中。我將帶着一顆好奇心，開啟一段從長安到羅馬的文明之旅，用一雙發現的眼睛，去尋找那些隱藏在我們身邊的文明密碼。

長安

長安是中國古代都城，也是今陝西省省會西安的古稱，意為「長治久安」。長安位於西北部的關中平原，從西周（公元前1046年—公元前771年）時期開始，先後有21個王朝和政權在這裏建都，因此，長安一直被稱作十三朝古都。在建都長安的諸多朝代中，周、秦、漢、隋和唐都是中國歷史上的強盛時代，因此，古代的長安十分繁榮，隨着對外貿易的興盛，長安已經成為國際性大都市。絲綢之路開通之後，長安更是成為東方文明的中心。今天的西安是陝西省政治、經濟和文化的中心，是中國西部的主要城市。

羅馬

羅馬是意大利首都，因建城歷史悠久而被稱為「永恆之城」。如今，這裏依然保留了很多歷史遺跡與文化遺產。羅馬位於地中海中部平原，公元前8世紀前後建城。公元前5世紀至公元前3世紀，羅馬征服地中海東西部地區，建成古代最大的奴隸制帝國。此後的近千年間，羅馬一直是歐洲最大的城市，繁盛時期人口超過百萬。隨着商業的繁榮，古代絲綢之路也隨着商人的腳步延伸到這裏，羅馬由此成為絲綢之路的終點。現在的羅馬是意大利第一大城，是全國政治、經濟、文化和交通中心。

02　ABCD 與橫豎撇捺

　　羅馬是個迷人的城市。古典，熱情，充滿浪漫的氛圍，是西方文明的殿堂。我是一個好靜的人，經常一天也走不了幾百步，但是為了尋找這座城市的文明密碼，我幾乎每天都要行走三萬多步。

　　甚麼是文明密碼呢？我最先想到的就是文字。古羅馬的官方文字是拉丁文。我們今天熟悉的英文字母，其實都是拉丁字母。博物館裏那些刻在石頭上的文字，是古羅馬的官方文字——拉丁文。看起來似乎很熟悉，好像每一個字母我們都認識，但是連起來是甚麼意思呢？不僅我們不知道，今天的意大利人，如果沒有受過專業訓練，也不知道。這可以說是人們最熟悉的陌生文字。拉丁文起源於意大利半島中部的拉丁部族。在羅馬帝國最強盛的時候，它曾經是統治全歐洲的官方語言，而今，它卻成了博物館牆上的文物。在感慨之餘，我對它的命運也充滿好奇。

西安碑林

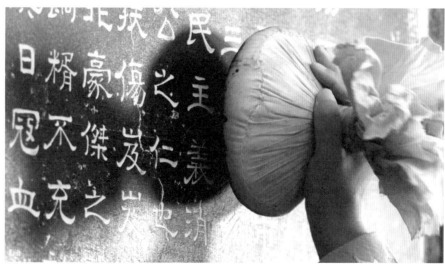

西安的石碑，可以說是漢字的「資料庫」。在這裏，我們能夠清晰地感覺到中國五千年沒有間斷的文字沿革。為了證實我的這種感受，我特地找來一本今天在很多人的書架上都能找到的現代版的《論語》。把古代石碑上的文字與現代版書籍的文字對比一下就可以看到，歷經千年，文字並沒有多少改變，中華文明就是這樣一字一句傳承下來的。

長安與羅馬，創造了人類文明史上最有特色的兩種文字。但是，為甚麼一個已經進入了博物館，另一個卻依然活躍在我們的生活中呢？

在歷史中，我找到了答案。拉丁文的命運是與羅馬帝國的興衰緊密相連的。公元 395 年，羅馬帝國分裂為東西兩部分。在東羅馬，希臘文很快就取代了拉丁文，而西羅馬在被日爾曼人攻陷之後，拉丁文也很快失去了生存的土壤。拉丁文不再通用，但拉丁字母卻活了下來，並且悄悄地孕育了英文、法文、西班牙文等西方國家的文字。意大利駐廣州總領事館總領事白露茜（Lucia Pasqualini）說：「拉丁文是意大利文的媽媽，拉丁文在很多其他語言都有應用。在很多其他語言，甚至在英文中還能找到蹤跡，現在，拉丁文還可以完好地讓我們表述科學名詞。」

與字母演化而來的拉丁文相比，從象形發展而來的漢字傳承能力更強一些。每一個由「橫豎撇捺」構成的方塊字都有一個獨立的意思，也有一個獨立的生命，不過，你也別以為中國的文字自古就是我們現在看到的這個樣子。在戰國時期，如同當時混亂的政局一樣，一個「馬」字就有多種多樣的寫法。漢字能夠穿越千年沿用至今，我們不得不感謝一個人——秦始皇。

公元前 219 年，秦始皇統一天下，宣示武功，讓李斯刻下了一塊石碑，

這就是大名鼎鼎的嶧山刻石。秦始皇不僅統一了中國，還統一了文字。石碑上的「皇帝立國」記錄了秦始皇統一中國的功績，而秦小篆的確立也為中國文字後來的統一和發展奠定了最堅實的基礎。書同文，車同軌，行同倫。統一的力量使漢字直到今天還跟我們生活在一起。優雅的中國人又在這個基礎上衍化出不同的書寫方式，創造了世界上獨一無二的書法藝術，這使得漢字擁有了更加神奇的生命力。它就像中國人共同的胎記，將多民族的中國緊緊地凝聚在一起。而拉丁文每一個靈動的字母，也像一顆顆蒲公英的種子，植根於人類文明交融、繁衍的沃土之中。

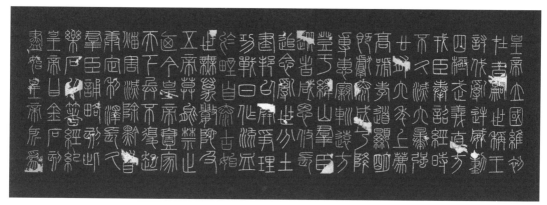

嶧山刻石小篆

漢字

漢字是漢語的記錄符號，是世界上最古老的文字之一，已有六千多年的歷史。漢字起源於記事的象形性圖畫，象形字是漢字體系得以形成和發展的基礎。漢字在形體上由圖形變為筆畫，象形變為象徵，歷經甲骨文、金文、篆書、隸書、楷書、草書、行書等階段，經歷了漫長的演變歷程。漢字是上古時期各大文字體系中唯一傳承至今的文字。

拉丁文

拉丁文原為意大利中部拉提姆地區的方言，隨着發源於此地的羅馬帝國勢力的擴張，拉丁文廣泛流傳於帝國境內，公元前 5 世紀初成為羅馬帝國的官方語言。在基督教流行於歐洲之後，拉丁文的影響力隨之擴大，在歐洲成為通用語言。在中世紀，拉丁文是教會的官方語言，也是研究科學、哲學與神學必備的語言。20世紀之後，拉丁文的應用逐漸衰落，但很多學術詞彙或生物分類的命名等依然在使用拉丁文。

03　君子與英雄

　　為甚麼我們如此不同？徜徉在羅馬街頭，我不由自主地會想到這個問題。為甚麼羅馬人的性格自由奔放，而我們則普遍內斂謙恭？為甚麼他們崇拜威武的英雄，而我們則更欣賞儒雅的君子呢？

　　西安關中書院有一座至聖先師孔子的雕像。孔子是儒家學說的創始人，同時，孔子也是中國第一位老師。我們都知道，儒家教育思想的核心就是把人培養成君子，問題是君子到底是一種甚麼樣的形象呢？讓我們一起來問問孔子吧。子曰：「君子和而不同」，「君子」一詞在《論語》中出現過 107 次，內涵非常豐富。概括地說，君子就是要以仁愛之心為本，恪守「仁、義、禮、智、信」的人生準則，完成「修身、齊家、治國、平天下」的人生修養。幾千年來，我們將這種君子形象設定為中國人最理想的人格。有趣的是，君子要「敏於行而訥於言」，就是要少說話多做事，這和古代羅馬人對英雄的要求大為不同。

　　在古羅馬的輝煌時代，每個城市，每個廣場，都要搭建一處高台。這是羅馬人特意為他們的英雄準備的。「英雄」一詞在拉丁文中的詞義是「保護者」。英雄必須擁有超凡的能力和領袖的品質，是智慧和力量的化身。在羅馬，有一座大名鼎鼎的演講台，雖然它現在看起來毫不起眼，但是，當年那些叱咤風雲的政治人物，就是在這裏發表慷慨激昂的演說的。演講又稱雄辯術，是西方教育的一大特色。古羅馬歷史上的英雄人物和領袖，幾乎個個都是出色

的演講家。羅馬人認為，演講需要高超的邏輯思維能力，能清晰地表達自己的思想和政見，是英雄必備的素質。所以，演講術很早就被列入到古羅馬的教育體系之中。除了擁有智慧，英雄還必須具備強健的體魄。所以，古羅馬在教育中非常重視格鬥訓練，通過激烈的對抗訓練人們的膽量、勇氣和體能。西方人相信，能力越大，責任越大，要扛起保衛國家和民族的重任，必須成為文武雙全的強者。

很多人以為中國的君子都是文弱書生，其實不然。在古代，習武也是儒家的傳統。射藝是儒家教育中必備的技能，孔子本人就有很高的武功。真正的君子出將入相，文能執筆定乾坤，武能上馬安天下。文武雙全，德才兼備，這才是真君子。但無論文治還是武功，君子所學所做的一切，都是為了達成心中高遠的志向。那麼，君子的志向到底是甚麼呢？北宋思想家張載先生提出的「四為」，即「為天地立心、為生民立命、為往聖繼絕學、為萬世開太平」，這就是中國的君子人格。儒家的君子是大的君子。天地是君子需要關心的，老百姓也是君子需要關心的。為往聖繼絕學，是說君子要關心過去；為萬世開太平，是說君子要關心未來。可以說，天地萬物，古往今來，全都包含在了儒家的心胸之中。

大道之行，天下為公。無論君子還是英雄，東西方教育外別而內同，終極目標都是要培養文韜武略、德才兼備的人，在成就自己的同時，胸懷天下，福澤蒼生。

孔子（公元前 551 年 - 公元前 479
年），名丘，字仲尼，是中國古代
思想家、教育家，儒家學派創始人。
孔子思想的核心內容是「禮」與
「仁」。仁說體現了人道精神，禮說
則體現了禮制精神，即秩序和制度，
這種思想對後世中國的政治、道德、
教育等都有深遠的影響。孔子去世
後，後人將孔子及其弟子的言行編
成《論語》。這本書集中體現了孔
子的政治主張、倫理思想、道德觀
念及教育原則等，被奉為儒家經典。

雄辯術

雄辯術在西方有着悠久的歷史。在
古希臘和古羅馬時代，雄辯在社會
生活中具有重要作用，它不僅僅是
在政治和法律上擊敗對手的有力武
器，也是衡量上層人士文化修養的
標誌。古希臘人創造的文法、修辭、
辯證法、音樂、天文、數學、幾何
課程，一直被看作是雄辯家的必修
課。到了古羅馬時代，培養雄辯家
是教育的主要目標。

04　我要飛得更高

全世界的人都知道，龍這隻起源複雜的神獸是中國人的精神象徵，而勝利之鷹則一直翱翔在古羅馬的天空中。從這兩隻會飛的神獸身上，我們又能解讀出怎樣的奧祕呢？

羅馬剛剛誕生的時候，並不崇拜鷹，而是崇拜狼。意大利卡比托利歐博物館裏，有一座母狼乳嬰的青銅像。這尊雕塑是意大利的國寶，它講述了羅馬建城的故事。傳說，這兩個狼孩本來是特洛伊人的後裔，阿爾巴王國的繼承人，卻在出生不久就被篡權者扔進了台伯河裏，幸而被這隻母狼救起。母狼哺育了他們。兄弟倆長大後奪回王權，並在台伯河邊創建了現在的羅馬城。雖然這個故事只是個傳說，但羅馬人至今依然親切地稱這隻母狼為狼媽媽。可是，為甚麼喝着狼奶長大的古羅馬人沒有選擇狼作為他們的象徵，卻選擇了鷹呢？

在陝西歷史博物館裏，有一件跟狼媽媽同一個時代的青銅雕塑。你一定想像不到，這居然是秦代的龍。這條秦代的龍非常大。作為帝國開基的秦王朝，一切器物都崇尚力量，龍也不例外。雖然這條龍還算威武莊嚴，但這個形象仍然和我們心中熟悉的龍差別很大。中國龍的形象一直在變化。秦代，龍的造型像蛇一樣，身上有魚鱗，頭部不誇張，有爬行動物的感覺。真的很難想像，我們的神龍早期是趴在地上的。那麼，龍是從甚麼時候開始騰飛的呢？

母狼乳嬰

為了更準確地了解古羅馬的「勝利之鷹」，我特地拜訪了意大利藝術評論家桂多·巴羅擇提。他興致勃勃地把我帶到了羅馬著名的共和國廣場。桂多說：「你看一下這些環繞在廣場柱子上的鷹。鷹是羅馬最重要的象徵。羅馬帝國，羅馬的權力機構，軍隊、政治，都以鷹來象徵。因為鷹是飛鳥中最具力量的、最強壯的，比所有的生物都飛得更高。」聽着桂多的介紹，我對古羅馬的鷹有了全新的理解。古羅馬弱小的時候需要狼的庇護，但喝着狼奶長大的孩子充滿血性，逐漸有了征服世界的雄心。鷹是天空之王，擁有更為廣闊的視野和更為強大的力量，而且在神話中，牠還是眾神之王朱庇特的傳令鳥。於是，在公元前 102 年，鷹正式成為古羅馬共和國的標誌，並且被指定為古羅馬軍團的象徵。自此，鷹旗伴隨着古羅馬帝國，征服了半個地球。

從秦代到唐代，龍已經有了翻天覆地的變化。唐代的龍非常矯健，而且越來越具有飛騰之勢。其實，隨着國力的增強，中國的龍從漢代開始，就逐漸演變成能夠騰雲駕霧、一飛沖天的神獸了。漢代的畫像磚上，常能看到有翅的應龍形象，唐代的龍則雍容華貴、矯健飛騰，彰顯着大國的文化自信。從龍的演變中，我們可以清晰地看到中華民族發展奮鬥的歷程。這個傳說由軒轅黃帝創造出來的虛構形象，不斷地被賦予各種神力，寄予各種希望。它見證和激勵着中華民族一步步走向繁榮富強的偉大歷程。

和龍與鷹的這次心靈對話，讓我讀懂了兩個民族的內心世界。這兩個會飛的神獸，寄託着東西方兩個民族想要飛得更高的光榮與夢想，見證着東西方兩大文明的絢爛與輝煌。

秦代青銅龍 陝西歷史博物館

唐代 鎏金鐵芯銅龍 陝西歷史博物館

漢代畫像磚上龍的形象

🐪 母狼乳嬰

《母狼乳嬰》青銅像被認為是羅馬建城神話的縮影。傳說古時的國王努米托雷被其胞弟簒位驅逐，國王女兒與戰神結合生下的一對孿生兄弟也被拋入台伯河。一隻母狼救起了落水的嬰兒，並用乳汁哺育了他們。兩兄弟長大後復仇，讓外祖父重登王位。兄弟倆在台伯河畔建立了一座新城，哥哥用自己的名字將這座城市命名為羅馬。這件事據說發生在公元前 753 年 4 月 21 日，這一天被定為羅馬建城日，「母狼乳嬰」也被定為羅馬的城徽。

🐪 龍

龍是古代傳說中的一種神異動物，為鱗蟲之長，司掌行雲佈雨，常用來象徵祥瑞。中國的龍是華夏崇奉的圖騰神，其形象包含着多種動物元素。在幾千年的歷史進程中，龍的形象已經成為一種文化符號。

05　天人合一

你知道羅馬的太陽有甚麼不同嗎？我們每天使用的國際通用的西曆就是羅馬的太陽曆，所以這輪太陽決定着整個世界的運轉規律。

公元前 45 年 1 月 1 日，羅馬共和國獨裁官儒略·凱撒（又稱尤利烏斯·凱撒）正式頒佈了以自己名字命名的儒略曆。儒略曆是一部純粹的陽曆。地球繞太陽公轉一周，約等於 365.25 天，為了方便計算，儒略曆將一年定為 365 日，每四年一閏，閏年 366 日。然後再設定一年分為 12 個月，大月 31 天，小月 30 天。可我們中國人一直很難理解，為甚麼 2 月通常只有短短的 28 天呢？

　　中國現在使用兩套曆法系統，一是國際通用的公曆，也就是羅馬曆，另一套就是我們從古至今傳承下來的農曆。中國科學院國家授時中心研究員劉次沅介紹說，中國的曆法是陰陽合曆，通過月亮的圓缺來獲得月和日，通過二十四節氣來獲得陽曆，指導我們的農業。中國古代最經典的天文觀測儀器就是渾儀。渾儀可以測量任何一個天體在天空中的位置。渾儀上的窺管相當於槍的瞄準器，可以瞄準任何一個天體。如果看到了一顆星，這顆星的經緯度就可以靠這一套系統把它確定下來。這簡直就是古代的天文望遠鏡，功能太強大了。

　　中國人自古重視天人合一，我們的曆法不僅要看太陽，看月亮，還要關照星象，而且結合了一些傳統的陰陽五行方面的知識，堪稱世界上最複雜的曆法。在這套系統裏，最有特色的要數二十四節氣。二十四節氣也是看太陽決定的。古人將地球繞太陽公轉一周的運動軌跡劃分為二十四等份，每運動15°就定一個節氣，然後根據節氣內相應的氣候和物候變化指導農耕。對於我們這個農耕民族來說，這絕對是一項偉大的發明。

　　古羅馬屬於海洋文明，它的曆法並不複雜，力求簡單實用。聽說馬西莫博物館裏還珍藏着一份儒略曆的殘片，我趕緊過來看看。館長瑪麗亞·羅格親自帶着我參觀。她給我介紹，奧古斯都對儒略曆做了進一步改革，日曆裏

有了廣告元素。從日曆上，人們能夠知道哪一天是某場戰爭的勝利日，哪一天是奧古斯都的生日。館長告訴我，2 月只有 28 天的原因跟凱撒的接班人奧古斯都有關。儒略曆把 12 個月分成大月 31 天，小月 30 天，這樣算下來，一年是 366 天，多了一天，於是，凱撒就從每年處決死刑犯的 2 月裏減去一天。後來奧古斯都繼位，他的生日在 8 月，他總覺得只有 30 天的「小月」和他的「大帝」身份不符，就又從 2 月拿走了一天，放在 8 月。於是，如今的 2 月就只剩下了可憐的 28 天。

古詩云：「清明時節雨紛紛。」正值清明的西安，春雨連綿，這不得不讓我們讚歎二十四節氣的精準。民間不僅流傳着「清明前後種瓜點豆」的諺語，還在這個春意盎然的節氣中融合了很多有情趣的民俗。唐代，清明節有一個非常重要的習俗叫插柳。當時有一個說法，叫作「清明不戴柳，紅顏成皓首」。有誰會不希望自己青春永駐呢？中國的曆法就是這樣。穀雨時大家會去賞牡丹，端午時要包粽子祭屈原，中秋會吃月餅享團圓，春節更有全世界華人都盼望的過大年。一本老皇曆就是一部中國的民俗史，精彩地演繹着五千年的華夏文明。而簡單實用的羅馬曆法則穿越時空，讓世界互聯。

 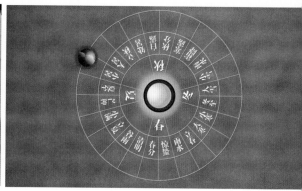

儒略曆

公元前 45 年，羅馬獨裁官儒略·凱撒在數學家兼天文學家索西琴尼的幫助下頒發新曆法，以取代羅馬之前的曆法，這一曆法被稱為「儒略曆」。在 16 世紀以前，西方國家大多採用這種曆法。儒略曆是太陽曆，以地球圍繞太陽的運轉週期為準則。現在全世界通用的公曆，就是由儒略曆演變而來的。

二十四節氣

二十四節氣是指二十四時節和氣候，是中國古代用來指導農事的補充曆法，形成於春秋戰國時期（公元前 770 年—公元前 221 年）。包括表示四季開始的立春、立夏、立秋、立冬，反映溫度變化的小暑、大暑、處暑、小寒、大寒，反映天氣現象的雨水、穀雨、白露、寒露、霜降、小雪、大雪，反映物候現象的驚蟄、清明、小滿、芒種。二十四節氣將天文、農事、物候和民俗巧妙結合，今天仍具有實用價值，由此衍生出的歲時節令文化，已成為中國傳統文化的重要組成部分。

06 一張紙的西遊記

書院門古文化一條街可以稱得上是西安最有文化的一條街。據說在唐代，每到科舉考試之前，長安的紙就會漲價，因為考生們都要買紙抄書、備考。這說明紙在當時已經非常普及了，而且價格也不貴。

而在同一時期的羅馬城，抄寫一份《聖經》卻要用掉 300 張羊皮。昂貴的書寫材料使知識成為奢侈品，所以當時大多數的羅馬人都是文盲。那麼，紙是甚麼時候在西方普及的呢？它又是如何以不可思議的力量推動了全人類文明的發展進程呢？

風景如畫的小鎮薩比科被意大利人譽為印刷之城。據說這裏保留了意大利人最早的造紙術，我要去探訪一下，看看它跟中國的造紙術有甚麼淵源。在薩比科造紙博物館，我認真地察看了他們造紙的程序：先是把碎布搗爛，製成合適的紙漿，然後用一個小網簾在紙漿中濾取。紙漿中的纖維留在網簾上，形成一層薄薄的紙膜。這個過程跟中國的古法造紙幾乎一模一樣。

在西安近郊的北張村，至今依然傳承着中國最古老的造紙術。兩千年前，中國人用最不起眼的樹皮、麻布、破漁網等沒用的生活垃圾，發明了這種被叫做紙的纖維薄片。這種紙的神奇之處在於，它完全改變了原料的物理屬性，變廢為寶。在紙發明之前，我們只能把文字刻在獸骨、銅器和石頭上。即使

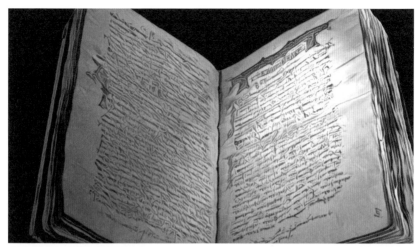

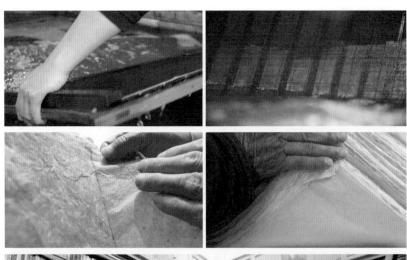

後來出現了絹帛和竹簡，文化的傳播依然太過昂貴和沉重。直到東漢的蔡倫將造紙術優化，並且大範圍推廣，輕便而又廉價的紙才迅速取代了以往所有的書寫材料。文人們終於不用真的「學富五車」了。

中國造紙術的西傳，先是由來自中國的戰俘傳到了阿拉伯，直到 12 世紀才傳入意大利。廉價的紙在羅馬城出現後，迅速取代了昂貴的莎草和羊皮，普通大眾都用得起，一時之間民智大開。文藝復興大師達·芬奇從小就能用紙練習素描，並且在紙上隨時記錄各種發明創造的靈感，這些設計手稿保存至今。所以有人說，是造紙術促成了歐洲的文藝復興，點亮了西方文明。薩比科市市政圖書館館長瑪麗亞·羅薩麗娜帶我參觀了意大利的印刷術。有了造紙的基礎，意大利的印刷技術發展迅速，直接催生了報紙、雜誌、廣告等媒體行業的出現。安吉利卡圖書館的館長菲婭麥塔·台麗茲還給我看了一本非常特別的書。她告訴我，這是在意大利印刷的第一本書籍，印刷柔和、高雅。

西方進入印刷時代後，大量的圖書開始普及，新的知識像開閘的洪水一樣推動着人類文明的腳步。文明因交流而多彩，因互鑒而豐富。小小的一張紙就像一盞明燈，點亮了人類心靈的天空，照亮了人類前行的道路。這場因一張薄薄的紙而催生的東西方文明的接力，不經意間改變了整個世界傳承文明的方式，引爆了人類文明的發展進程。

蔡倫

蔡倫出生於東漢中期。他一生中最大的貢獻，就是總結以往人們的造紙經驗，革新了造紙工藝。過去，人們都是把字刻在竹片上，或者用絲綢來寫字。絲綢價格昂貴，而竹簡又過於笨重。蔡倫採用樹皮、破麻布等原料，製作出輕薄柔韌、價格低廉的紙。後來，蔡倫被封為「龍亭侯」，用蔡倫的造紙法製作的紙張，也被稱為「蔡侯紙」。蔡倫的造紙術被列為中國古代「四大發明」之一，對人類文化的傳播做出了不可磨滅的貢獻。

07 詩情長安畫意羅馬

　　如果讓我用一個字來形容長安，那一定是「詩」。李白在這裏舉杯邀明月，杜甫在這裏放歌破愁絕。經常有人問我：詩到底是甚麼？人類通過詩這個文學載體，究竟想要表達甚麼呢？

　　好雨知時節。長安的春天是最詩意盎然的季節。當年的興慶宮沉香亭曾經見證過一段流傳千載的愛情故事。風流天子唐明皇專門為絕代佳人楊貴妃修了這座亭子，在這兒看怒放的牡丹。同樣是在這個位置，詩仙李白寫下了著名的《清平調》三首：「雲想衣裳花想容，春風拂檻露華濃。」李白的詩就是這樣極致浪漫而富於想像力，信馬由繮，像在天空中遨遊。「朝回日日典春衣，每日江頭盡醉歸。酒債尋常行處有，人生七十古來稀。」這首詩是杜甫在曲江池頭寫的，寫在一千多年前大唐的春天。杜甫的詩沉鬱頓挫，千年之後，在同一地點讀起他的詩，真讓人感慨萬千。我這個人不愛畫畫，也不會唱歌，卻獨愛詩的韻律和色彩，喜歡在這些流動的色彩和跳躍的音符中去意遊風華絕代的長安。它是「日宮開萬仞，月殿聳千尋」的大雁塔，是「夕陽無限好，只是近黃昏」的樂遊原，是樊川路上「人面不知何處去，桃花依舊笑春風」的浮光掠影，是韋曲「曾經滄海難為水，除卻巫山不是雲」的一往情深。在中國人的心目中，詩是心靈的載體，是表達人類精神的高雅手段，是孩子們從小就要經歷的審美熏陶。

　　帶着中國人的詩情，我來到了萬里之遙的羅馬。我在羅馬住的家庭旅館景色美極了，從這裏可以看到遠處的一座山谷，被山谷環抱的是一座中世紀的古堡，這不禁讓人想起「綠樹村邊合，青山郭外斜」。中國的詩歌都是講究意境的，那麼，羅馬的詩歌又是怎樣的呢？在羅馬市中心的一個書市，博學的意大利朋友桂多帶我一起尋找古羅馬最偉大的詩人維吉爾的代表作《埃涅阿斯紀》。桂多·巴羅擇提說，維吉爾的《埃涅阿斯紀》一共有 12 冊，其中有一句描述說，強大的羅馬帝國是在向全世界傳播意大利人的美德，也就是說，羅馬的血統建立在意大利的美德之上，這是羅馬帝國未來的最大希望。桂多告訴我，這部長篇史詩，敍述了特洛伊英雄埃涅阿斯如何成為羅馬開國之君的故事，是古羅馬文學的巔峰之作。文藝復興時期意大利最偉大的詩人但丁就深受維吉爾的影響，創作了歐洲古典名著之一的《神曲》。

　　我發現，唐詩和古羅馬詩歌最為重要的區別在於，唐詩擅長用短句營造韻味，抒懷言志，而古羅馬則更擅長用長詩來敍事、記史，藉故事表達思想和精神。長安和羅馬雖然在詩的表達方式和審美體驗上有所不同，但精神本質並無明顯區別。其實我覺得，全世界的詩都一樣。它是人類創造的，表達我們內心情感的完美載體，是我們的精神之魂。

🐫 李白與杜甫

李白（701年－762年），字太白，唐代偉大的浪漫主義詩人，被後人譽為「詩仙」，代表作有《望廬山瀑布》《行路難》《蜀道難》《將進酒》《明堂賦》《早發白帝城》等。杜甫（712年—770年），字子美，唐代偉大的現實主義詩人，被後人稱為「詩聖」，代表作有《登高》《春望》《北征》「三吏」「三別」等。李白與杜甫並稱為「李杜」，二人於744年夏天在東都洛陽相識。此時，李白已名揚全國，而杜甫風華正茂。李白比杜甫年長11歲，但他並沒有以自己的才名在杜甫面前倨傲。而「性豪也嗜酒」的杜甫，也沒有在李白面前一味低頭稱頌，兩人以平等的身份，建立了深厚的友情。

🐫 維吉爾

維吉爾（公元前70年—公元前19年）是古羅馬最偉大的詩人之一，其作品對後世歐洲文學有着極大影響。維吉爾的代表作是長篇史詩《埃涅阿斯紀》。史詩取材於古羅馬神話傳說，敍述了特洛伊英雄埃涅阿斯成為羅馬開國之君的經歷。這部史詩是歐洲文人史詩的開端和範本。在羅馬帝國後期到歐洲中古時期的一千多年間，維吉爾的詩一直是詩歌創作的楷模。詩人但丁認為，維吉爾最有智慧，因此在《神曲》中安排維吉爾作為地獄和煉獄的嚮導。

08 誰在書寫歷史

　　中國人自發明文字之後就開始了歷史書寫。一部二十四史可以說就是中華民族四千年的奮鬥歷程。中國的史書能夠如此清晰、連續地記載歷史，其實得益於一個非常獨特的職業——史官。

　　史官這個職業跟中國的歷史一樣長。據說，倉頡是中國第一位史官，他正是為了記錄歷史，才創造出了文字。春秋時期，齊國有兩位史官，因為拒絕篡改歷史而被暴君殺害，用生命捍衛了歷史的尊嚴。中國最著名的史官是司馬遷，他創作了中國歷史上第一部紀傳體通史《史記》。《史記》記載了中國從上古傳說時期到漢武帝初年長達三千多年的歷史，堪稱史家絕唱。中國歷朝歷代的史官們恪守着不隱惡、不虛美的職業道德，嚴謹地記錄着中國的歷史。因為有了他們，中國的上下五千年才得以如此清晰地展現在我們這些後人面前。

中國有官方修史的傳統，記載歷史一直都是非常重要的國家行為。也正因為有了強大的國力支援，中國的歷史才得以如此系統地傳承下來。我們中國人把歷史當成一面鏡子，只有以史為鑒，才能從前人成敗的經驗中汲取智慧，取其精華，去其糟粕。

　　迷人的羅馬隨處都是風景，但最吸引我的還是城市裏那個最安靜的角落。安吉利卡圖書館已經有四百多歲了，是全世界最古老的公共圖書館，古羅馬的輝煌歷史就隱藏在圖書館珍貴的古籍之中。對於我這個歷史研究者來說，這裏簡直是聖地。我迫不及待地想看看古羅馬歷史類的書籍。館員幫我找到了古羅馬最重要的歷史學家提圖斯·李維的名著《羅馬自建城以來的歷史》。羅馬沒有官方修史的傳統，更沒有史官這樣的職位。我找的這本書是當時羅馬帝國的第一任元首，即屋大維（公元前 63 年—公元 14 年）時期一個叫李維的學者創作的。李維在書中記述了羅馬自誕生以來的傳奇經歷。這本書充滿了個性色彩，對細節的描寫富於戲劇性，被稱為史詩般的歷史。這種主要由個人撰寫歷史的做法，讓記史的方式豐富而多元，充滿個性。就好比世界名畫《劫奪薩賓婦女》，它用繪畫的方式記述了羅馬建城之初，為了解決男女比例失調問題而搶劫鄰邦薩賓婦女的歷史。古羅馬的歷史就這樣以各種各樣的文學、繪畫、雕塑，或者是一些將軍回憶錄的形式流傳了下來。雖然不那麼系統，但卻鮮活生動，趣味盎然。

　　今天，站在時空的最前端回望來路，我們不得不由衷地感謝那些前仆後繼的史學家們。他們用智慧和生命為我們搭建起了一條時空隧道，讓我們可以和歷史自由地對話、暢想。

倉頡造字

據史書記載，倉頡是黃帝的左史官。倉頡有雙瞳四個眼睛，天生睿智，觀察星宿的運動趨勢、鳥獸的足跡，依照其形象首創文字，革除當時結繩記事之陋，開創文明之基。

司馬遷與《史記》

司馬遷是中國西漢（公元前 202 年—公元8 年）時期的史學家、散文家。早年曾漫遊各地，了解風俗，採集傳聞。後繼承父業，著述歷史，歷時 14 年，完成了中國第一部紀傳體通史《史記》的創作。《史記》記載了上古傳說中的黃帝時期到漢武帝元狩元年長達三千年的歷史，大部分篇幅都以寫人物為中心來記載歷史，被公認為中國史書的典範。除歷史價值外，《史記》還被認為是一部優秀的文學著作，在中國文學史上佔有重要地位。

提圖斯·李維

提圖斯·李維(公元前 59 年—公元 17 年)，古羅馬歷史學家。他精通文學、史學、修辭學、演說術等，是羅馬共和國後期學問

淵博的博物學家。他擁護屋大維創立的元首制，但是思想仍然偏向於共和制，為了挽救中後期的羅馬共和國，他決定寫一部史書來記述羅馬人的祖先的英勇，避免羅馬共和國的覆滅，於是創作了《羅馬自建城以來的歷史》（簡稱「羅馬史」），書中充滿愛國思想、道德說教、復古主張和對共和制度的讚賞。

《劫奪薩賓婦女》

收藏於巴黎盧浮宮的名畫《劫奪薩賓婦女》，是法國畫家雅克‧路易‧大衛在 1789 年至 1799 年間創作的，作品的題材源於羅馬歷史。薩賓是與羅馬相鄰的一個民族。羅馬建城以後，人口性別比例失調，羅馬人試圖與薩賓人聯姻，但遭到拒絕。於是，羅馬人攻入薩賓城，劫奪了許多年輕婦女。雙方從此結下仇恨，戰爭連綿不斷。為了不讓親人犧牲，薩賓婦女抱着幼子走上戰場，阻止雙方的廝殺。這幅畫作充分顯示了古典主義繪畫的特點。

09 人類的童年

　　天地玄黃，宇宙洪荒。在漫長的史前時代，幾乎每個古老的文明都為解釋這個未知的宇宙和尋找自己的來處創造了一個神的世界。如果說神話是人類對於自己童年的大膽想像，那麼，東西方各自激發出怎樣不同的想像力，創造了異彩紛呈的神話體系呢？

　　古羅馬的神源自古希臘，神王宙斯在羅馬叫朱庇特，海神波塞冬搖身變成了許願池中的尼普頓，戰神瑪爾斯最受古羅馬人崇拜，而最美的神，你能猜到是誰嗎？古羅馬最美的神廟供奉的是美神維納斯，當年神廟的壁龕裏都

有精美的雕像。維納斯因為一座斷臂的雕塑而聞名。在古羅馬神話中，維納斯是愛與美的女神，但神王卻偏偏將她嫁給了最醜的火神，因此維納斯經常背叛丈夫。她在尋找情人阿多尼斯的路上被刺破了腳，鮮血所滴之處，長出了象徵愛情的紅玫瑰。從維納斯的故事裏，我發現，西方的神特別重視外形的俊美。他們除了具有神力，性情幾乎和人類一樣，擁有七情六慾、愛恨情仇。這一點就和東方的神有了巨大的區別。

中國最有名的女神住在西安城東的驪山上。中國神話是一個特別龐雜的系統。在這個神話系統裏，如果要找出一個最重要的女神，那一定就是女媧。女媧做了兩件大事，第一件大事是煉五彩石以補蒼天，第二個大的功績就是造人，所以大家管她叫老母。女媧是中國上古神話中的創世女神。傳說女媧也有絕美的容貌，但女媧的美和西方女神的美完全不同。西安華清宮老母殿中的女媧塑像，可以說寶相莊嚴，很有中國神靈的特點，慈祥威嚴，富於神性，沒有人的缺點。在中國的神話系統裏，沒有「美神」這個神位。在中國人心目中，容貌向來不能和品德媲美。中國的神以善為核心，強調奉獻和犧牲精神，充滿了神性的光輝。

高尚的神格在古羅馬卻並沒有如此重要。在維納斯神殿保存下來的少量的雕塑中，我們還能清晰地看到維納斯與戰神的兒子——被封為小愛神的丘比特。圖拉真市場工作人員西莫內·帕斯托解釋雕塑的內容時說，那件雕塑表現的是兩個小愛神割開兩頭公牛的喉嚨，用鮮血來為維納斯慶祝，這也是在祝願帝國的子孫昌盛。維納斯就是如此多情，傳說古羅馬的先祖埃涅阿斯是她和特洛伊王室所生的兒子，所以維納斯也可以說是古羅馬人的母親。對於這麼重要的一尊神，西方人也從來不修飾她的品格。神就像一個真實的人，有優點，也有缺點，有善，也有惡，這就是西方神話的特點——神人同性。每個神都會

西安華清宮老母殿

有人性的弱點，連統治宇宙的神王也經常犯錯。這些神的故事就像放大鏡一樣，剖析着人性的美醜善惡，讓人類更冷靜地看到一個真實的自己。

翻開中國的上古神話，一個聖賢的世界撲面而來：盤古開天，夸父追日，神農嚐百草。東方的神忙着為人類造福，幾乎不食人間煙火。中國神話更願意歌頌真善美，有着鮮明的尚德精神。這種尚德思維和我們對人的評價是一致的。歷史上很多品德高尚的人，都被中國人奉為神明一樣崇拜。中國的神更像是人的榜樣。

有着神性的人，有着人性的神，東西方以不同的思維方式創造了豐富多彩的神話世界，為人類的童年塗鴉出了最生動的顏色。

維納斯

在羅馬神話中，維納斯是十二主神之一。羅馬文化深受希臘文化的影響。羅馬人按照他們的需要，將希臘神與一些羅馬神對應，又把希臘神的形象以及有關的傳說故事改編給對應的羅馬諸神。維納斯原本是意大利本土的女神，隨着希臘神話的流傳，羅馬人將她與希臘女神阿芙羅狄忒相對應。阿芙羅狄忒是愛神、美神，同時執掌生育與航海，於是，維納斯也成了羅馬神話中愛與美的女神。

女媧

女媧是中國上古神話中的創世女神。傳說女媧仿照自己的樣子，用黃土造出了人，創造了人類社會。後來，自然界發生了一場特大災害，擎天大柱傾倒，天塌地陷，洪水氾濫，野獸肆虐。女媧熔煉五色石修補蒼天，重新撐起四方天柱，堵住洪水，殺死野獸，使大地恢復了平靜。

在神話中，女媧還是創造萬物的自然之神，曾經創造出最早的樂器，建立了人類最早的婚姻制度。

10 雙城故事

　　城市，這個由人組成的聚落，是文明誕生的重要標誌。長安與羅馬曾經是地球兩端最大的兩個城市，人口都有百萬之眾。我很好奇，到底是怎樣的魅力，讓這兩座城市至今仍然像磁石一樣吸引着世界各地的人們呢？

　　羅馬戴克里先博物館裏默默矗立着的墓碑，靜靜地向我訴說着答案。穿行其中，注視着它們，我發現，這些兩千多年前生活在羅馬城的人，絕大多數並不是羅馬本地人。他們之中有埃及人、猶太人、西班牙人，甚至非洲人。這些人之中有奴隸，有戰俘，還有各行各業來羅馬淘金討生活的人。這些羅馬移民讓我看到了一個包羅萬象的羅馬城。

　　長安的開放在唐代就聲名遠揚，於是發生了一件神奇的事情。這件事被詳細地刻在了一塊石碑上。這塊石碑就是大名鼎鼎的《大秦景教流行中國

碑》，如今矗立在西安碑林博物館裏。大秦就是古羅馬和近東地區，景教是基督教的聶斯脫里派。石碑上清晰地刻着，公元 635 年，大秦國主教阿羅本來長安時，唐太宗派宰相房玄齡親自列儀仗到西郊迎接。開放的唐太宗李世民不僅親自接見了阿羅本，還特許他在長安城內建立大秦寺，講經傳教。為了能夠與中國的國情結合，這座講經傳教的建築被稱為寺，而不叫教堂。石碑上還記載着，到了唐玄宗時期（712 年—756 年），皇帝讓大名鼎鼎的高力士，把五位皇帝的畫像放在大秦寺裏來安置。這是一件了不起的事情。這是兩大文明在唐代的一次偉大的碰撞。就這樣，在盛唐相容並蓄的宗教政策下，基督教的聶斯脫里派在長安盛行了兩百多年。

這段傳奇的歷史讓我們真實地體會到了大唐的和合包容。長安城裏不僅宗教多元化，絲綢之路的繁榮更是聚集了世界各地的商人和旅行者。絢麗豐富的文化吸引着各國的使節和留學生。千年前的長安已經是盛況空前的國際之都。

　　古羅馬作為西方世界的霸主，在戰爭中收穫的戰利品，除了領土和財富，還有人。成千上萬的俘虜和奴隸使羅馬城內人口劇增，所以博物館裏有很多奴隸的墓碑。精通中文的意大利漢學家保羅·卡里諾，幫我詳細地翻譯了他們的故事。保羅指着一塊墓碑告訴我，這塊墓碑的主人原來是奴隸，後來變成了一個自由人。墓碑是他的前主人給他立的。這個奴隸來自埃及，所以他的墓碑也用了埃及碑，上面有埃及宗教的一些表徵，這也能夠表明他來自哪裏。古羅馬是個既殘酷又吸引人的地方。雖然被他們征服的民族免不了被奴役的命運，但他們尊重並允許對方保留自己的宗教和文化，而且有很多政策，鼓勵外來人通過自身的努力獲得羅馬公民的資格，享受跟羅馬人一樣的優越待遇。所以，很多奴隸即使被釋放，也不會離開羅馬，他們願意留下來，享受這裏的富足與文明。他們通過各種努力成為新羅馬人，並以此為榮。

　　在西安，聳立了一千多年的大雁塔，是當年唐僧取經回來修建的藏經塔。它不僅給我們留下了《西遊記》的故事，還帶回了充滿智慧的外來文明。

　　海納百川，有容乃大。長安與羅馬以包容的胸襟，成就了高度發達的世界文明之都。那些絢麗多姿、充滿魅力的文明之花，自然而然地招龍引鳳，從而締造了兩座光耀天下的文明之城。

大秦寺

大秦寺是在中國的景教寺院的通稱。公元7世紀中葉，羅馬基督教傳
入中國，當時稱為「景教」。因唐時稱羅馬為大秦國，所以這種宗教也
被稱為「大秦景教」，景教的教堂被稱為「大秦寺」。最具代表性的大
秦寺位於距西安七十餘公里的周至縣東南，是基督教傳入中國最早的
寺院之一。公元781年，唐德宗於長安大秦寺建立「大秦景教流行中
國碑」，記載了景教的教義禮儀以及基督教聶斯脫里派傳教士在華傳
播景教的重要史實。

CHANG'AN
MEETS
ROME

社會生活

于賡哲，陝西師範大學歷史文化學院教授，博士生導師，曾參與錄製央視《百家講壇》，著有《她世紀——隋唐的那些女性》《隋唐人的日常生活》等著作。

講述人　于賡哲

11　從家開始

　　長安，羅馬。生活在當下，世界似乎早已大同，不同的生活方式可以相互借鑒。但是，假如時光可以倒流，回到千百年前，那時的長安，那時的羅馬，那份光景，定是大不相同、異彩紛呈的。然而很少有人真正思考過，生活並不是某人的創造，而是世代繁衍的傳承。那麼，東西方文明的先祖們究竟有着怎樣的生活方式？這種生活與今天的我們又有甚麼樣的關係呢？我將為了這些問題，踏上這趟奇妙的探索之旅，而我的第一站就是要走進古人們的家裏。

　　公元 79 年 8 月 24 日，這一天，維蘇威火山噩夢般地爆發，山腳下的城市瞬間被吞沒。這座城就是龐貝。如今的龐貝被人們稱為時間的膠囊，它封存着難得一見的兩千多年前古羅馬人的生活場景。在龐貝遺址，走進古羅馬

人的居住空間，奇特的佈局讓我有些不適應。因為這裏的中庭很大，房間卻很小，有的房間甚至連窗戶也沒有。住在這樣的房間裏，難道不覺得憋屈麼？如此奇特的佈局究竟是怎麼回事呢？

　　龐貝遺址博物館館長馬斯莫·奧薩那告訴我，這是典型的龐貝古民居。當時人們家庭裏所有的活動都是在中庭進行的。這裏陽光充沛，十分舒適。在白天，男人們可以在這兒擺上小桌子，一家之主在這裏接待客人。到了下午，女人們也會聚在這裏。房間可以很小，但一定要有一個偌大的中庭，這是因為，古羅馬人認為臥室就是用來睡覺的，而庭院才是家裏最主要的生活空間。起居吃飯，交際娛樂，這些在中國人看來應該在室內進行的活動，都被古羅馬人安排在了中庭，而且不論戶型朝向，中庭永遠是不可少的。這體現的就是他們親近自然的居住理念。

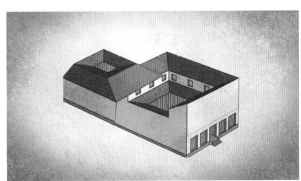

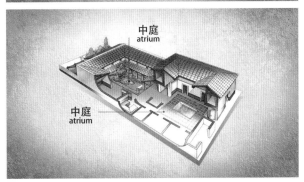

龐貝古民居模型

時隔兩千年的今天，現代歐洲人仍然會對在露天庭院享受生活情有獨鍾，這正是傳統的延續。相比之下，長安古民居裏又藏着甚麼樣的生活理念呢？

位於西安的陝西歷史博物館裏，有一組唐代的三彩四合院模型。這組房屋模型非常有意思，它代表着唐代，甚至代表着中國古代絕大多數民居的形象。一方面，它體現了中國傳統的審美觀——中軸對稱，另一方面，對於中國人來說，房屋的坐北朝南是一種自然的選擇，因為冬季會有凜冽的北風，而南面的陽光始終是最充足的。這樣的一個造型一直綿延到後世，甚至一直綿延到近代。這種傳統民居在今天依然可以看到。居住在這樣的房子裏，究竟會是一種甚麼樣的體驗呢？在咸陽三原明清故居。大院主人王成元介紹說，這個房子是深宅大院，將近八十米長，可以直接從前院看到後院。過去房子沒有風扇，一打開就是穿堂風，特別涼快。住在這樣坐北朝南的房子裏，陽光、視線都特別好，冬暖夏涼，不容易得病。與羅馬人相比，中國人更重視室內空間，所以人們對於房屋的朝向和方位這些自然條件的選擇更加具體。在貫穿南北的中軸線上建正房，東西廂房左右對稱，小到一幢宅院，大到皇家宮殿，都有一種統一的規制，這體現的正是中華民族的傳統禮法觀念。

長安和羅馬的人們，雖然選擇了不同的居住理念，但都是為了尋找一種更加優質的生活方式。民以居為安，這是東西方文明先祖們共同具有的生活智慧。然而，那些充滿奇思妙想的文明創造還遠遠不止於此。

🐫 唐三彩四合院模型　陝西歷史博物館

🐫 中國傳統民居

🐫 中國傳統民居室內空間

龐貝古民居的中庭

龐貝古城位於意大利南部那不勒斯附近，距羅馬約 240 公里。始建於公元前 4 世紀，起初只是一座小漁村，後來逐漸發展成為僅次於羅馬的發達城市。公元 79 年，龐貝城毀於維蘇威火山大爆發。由於整個城市被火山灰掩埋，因此，城市的全貌保存比較完整，考古挖掘出來的藝術品和建築物揭示了火山爆發前人們的生活情況，為後人了解古羅馬的社會生活和文化藝術提供了重要資料。

龐貝古民居的中庭

龐貝古民居的臥室

12 奔騰歲月

　　我喜歡開車。今天西安四通八達的道路讓我的生活充滿便利。唐代時期的長安城面積巨大，在那個萬國來朝的國際大都會，唐人一定少不了交通出行的需求。那麼千百年前，我們的先祖們究竟會採取甚麼樣的出行方式呢？這種方式又會如何影響今天的我們呢？

　　同一歷史時期的世界另一端，西方那條條大路的終點，正是羅馬。正如老話說的，「條條大路通羅馬」。作為當時人口超過百萬的超級大都市，交通出行的重要性不言而喻。古羅馬人似乎擁有獨特的智慧，那些交通方式甚至被認為持續影響到今天。究竟是甚麼樣的技術，被人們如此珍視而不斷傳承千年呢？

　　今天的西安城，雖然沒有了匆匆趕路的唐人，但那些歷史遺物還是能夠幫助我們找到答案的。拴馬樁在西安城非常非常多，可以說，它相當於古代的停車位。那個時候，但凡有點條件的家庭，門口必然有這樣一個標配。

看着林立的拴馬樁，我已經能夠想像，當年的長安城一定是車水馬龍的。唐人對一匹汗血寶馬的狂熱，不亞於今天的人們喜愛風馳電掣的豪華跑車。然而中國歷代早就有人力車、牛車等許多代步工具，唐人卻對馬如此偏愛，這一定另有原因。

在唐代，騎乘之風相當興盛，官員無論文武都乘坐馬車，甚至連女性也喜歡騎馬，這足以說明當時馬匹的普及程度。唐代的長安城是當時世界上最大的城市，面積足有 84.1 平方公里，東南西北少說有十幾里。而馬匹奔跑的速度達到了那個年代人們所知的最高時速，因此，騎馬的便捷程度是無法替代的，這樣的出行方式也自然成為盛世長安生活的首選。也許從策馬揚鞭的那一刻起，古人便被這種飛馳的快感所征服。千年前的奔騰歲月造就了後世無數交通工具對速度和駕馭的不變追求，這都是狂野灑脫的大唐情懷延續千年的影子。

在古代羅馬，最著名的交通工具就是馬車。雖然從古至今，意大利都一直遍佈這種顛簸的碎石路，但這裏的馬車卻依然行駛了千年。所以我相信，一定有甚麼祕密藏在這個博物館裏。有人說，古羅馬人的四輪馬車，直接影響了今天汽車的基本結構，真的是這樣嗎？羅馬馬車博物館裏有一輛相當精美的馬車，可以看到，它的轉向軸能夠保證前輪驅動率先轉過去，減震的核心部分能夠保證舒適性。這些技術據說是古羅馬在凱爾特人馬車的技術基礎上改進的。在古羅馬那個時代，這已經稱得上是高科技了。現在的汽車、火車，都脫胎於古代的馬車技術。因此，古羅馬馬車的影響一直持續到現在，這種說法一點也不為過。我登上一輛馬車，試試減震究竟如何。坐這種馬車的感覺有點類似坐遊船，上來之後會感覺晃悠一下，很有意思，感受相當不錯。不過，我還是更希望能夠坐一坐真正的馬車。

　　黃昏的羅馬，已經到了它一天當中最美好的時候。在今天的羅馬，乘坐出租馬車是享受生活的一種方式。晚風習習，非常涼爽，出租馬車坐上去的感覺非常好。

　　在交通工具的變革當中，我們能夠感受到今人與古人的一脈相承。我們今天的出行方式，離不開古羅馬的技術所帶來的便利與舒適，更離不開馬背上的唐人對速度的追求和享受。當技術與率性相結合，前路便總是令人嚮往。

宋徽宗摹本，唐代張萱《虢國夫人遊春圖》

拴馬樁

拴馬樁石雕是中國北方的民間石雕藝術品，在陝西尤為常見。它原本是過去殷實富裕的人家拴繫駿馬的實用條石，通常用堅固耐磨的青石雕刻而成，通高 2 至 3 米，一般立在民居建築的大門兩側，既可以裝點建築、炫耀財富，也有避邪鎮宅的作用。造型一般以獅子為主，也有其他動物或人騎獸等多種形態，體現出特定時代的世俗生活氣息。

13　一腳千年

　　一份痴迷能延續多久？一生，一世，或是永恆？千百年來，有一種求勝心從未改變，只因為那躍動不息的脈搏。這份痴迷的靈魂，能夠跨越時間的鴻溝，橫穿地球的東西，書寫共同屬於我們的傳奇。

　　距今兩千二百年前，漢代軍隊中流行着一種用腳踢球的練兵之法，據說它不僅可以強身健體，而且深受將士們的青睞，這就是古代的蹴鞠。這究竟是一種甚麼樣的運動呢？答案就在一件珍貴的文物裏。西安博物院有一件東漢的蹴鞠俑。那個陶俑正在做躍起狀，他的右腳之上有一個小球。那個年代的蹴鞠還是單人的蹴鞠，類似現在的踢毽子，要踢出各種花式動作來，這件陶俑就是這種運動的一個鮮活的寫照。看來，在很久以前，蹴鞠這種運動就充滿了競技性。而且據我所知，在當時，球踢得好不好，還是判斷一個士兵能力高低的標準。所以說，從一開始，蹴鞠就是一項能夠激發人們求勝心的運動，這怎能不讓人痴迷？到了唐代，蹴鞠的魅力就更加一發不可收了。

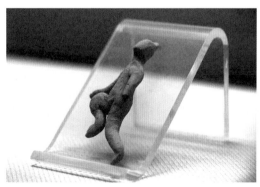

蹴鞠俑 東漢 西安博物院

61

在唐代，蹴鞠這種遊戲非常盛行，上至達官貴人，下到平民百姓，都非常喜歡，可以說男女老幼咸宜。所以，在當時，蹴鞠變成了唐人娛樂活動中重要的組成部分。我認為，成就大唐對蹴鞠全民痴迷的，正是一次劃時代的變革。

起初，蹴鞠用的球都是採用軟質的材料，比如說鬃毛之類的。到了唐代，出現了一個有趣的現象，就是出現了氣球，也就是在皮革中間充氣，這樣的球已經與現在的足球非常接近了。另外，唐代的蹴鞠是分成兩隊來比賽的，並且加上了球門，兩隊都要把球踢到對方的大門裏去。這種比賽方式也與現代足球非常相似。唐代蹴鞠分庭對抗的比賽格局，讓原本的單人技巧比拚，變成了更加引人矚目的團隊協作競技，可玩性、可看性大漲。這也大大激發了人們的求勝心，比賽更加瞬息萬變，充滿刺激和懸念。

2004 年，國際足聯將中國古代的蹴鞠認定為現代足球的鼻祖。我想，祖先們恐怕很難想像，這個讓長安百姓們樂此不疲的小球，千百年後居然能在世界的另一端開花結果，並且牽動億萬人的心。

羅馬奧林匹克體育場。「四星意大利」用實力宣告着，誰是「大力神杯」青睞的歐洲王者。當今的羅馬人對於足球的痴迷是近乎狂熱的。每到比賽日，不分男女老少，都會湧上這座城市的街頭巷尾，朝着同一個方向匯集而去。作為歐洲頂級聯賽，一場意甲的重要賽事絕對一票難求。奧林匹克體育場見證了意大利足球眾多的歷史瞬間，也見證着羅馬球迷在無數個比賽日裏的同一種期待，同一種思量，同一種憂心忡忡，還有同一種勝利的吶喊。無需多言的感動，詮釋着所有意大利人的足球之心。能夠在這裏感受一下現場的氣氛，就是最大的收穫。

　　千年前的古老蹴鞠所具有的穿越時空的魅力,在今天的足球運動中,依舊無比動人,長安與羅馬古往今來的生活更是因此連接在了一起。一份痴迷,從未間斷,因為它就是我們最質樸、最真切的快樂追求。

明代 杜堇《仕女卷》之《蹴鞠》（局部）

蹴鞠

蹴鞠是指中國古人以腳踢球的一種活動，類似今天的足球。據史料記載，早在戰國時期，中國民間就已經流行娛樂性的蹴鞠遊戲。從漢代開始，蹴鞠成為練兵之法，還出現了單人表演的蹴鞠。唐宋以後，充氣球取代了實心球，蹴鞠也逐漸演變成比賽性質的集體運動。此後的幾個朝代中，蹴鞠在宮廷及民間的節慶活動中經常出現，清初還出現了冰上蹴鞠。清代中葉以後，傳統的蹴鞠活動逐漸被現代足球所取代。

14 頂級盛典

　　不要以為今天的我們一定會比古人感受更多的精彩。千百年前，在羅馬震耳的歡呼聲中，在長安喧天的鑼鼓聲中，古人可能擁有遠超當今的盛大場面。那些曾經讓人目不暇接的，究竟會是甚麼樣精彩紛呈的頂級盛典呢？

　　古羅馬競技場是古羅馬帝國留下的最宏偉的紀念碑。如今，這裏一年四季遊人如織。看着這些遺跡，我不禁暢想，在古代，這裏究竟會有怎樣的一番景象？

　　兩千年前，這裏是西方世界矚目的焦點。羅馬的君主會與民眾一起，在這裏觀賞表演。最頂尖的角鬥士會在這裏同台競技，他們在當時的知名度就

好比今天的體育明星一樣，一招一式總能博得觀眾如潮的歡呼和吶喊。然而，這還不是全部。我們可以看到，巨大的競技場和當代大型體育場十分相似，其構造都是為了能容納數以萬計的觀眾，但其實，它的功能遠比體育場強大太多了。這個競技場的另一個名字是「弗拉維歐圓形劇場」，是一座名副其實的巨型舞台。讓我感到驚歎不已的是，羅馬的君主們曾在這裏為臣民們帶來了絕無僅有的曠世奇觀。據歷史記載，羅馬帝國在海上取勝時，這裏曾經注水泊船，表演大型海戰場景；而當北非劃入帝國版圖時，這裏也曾遍佈沙丘，表演圍獵獅虎大象的奇觀。千百年前在這裏上演着的是極為逼真的大型實景演出，也是征服者為了彰顯戰功而舉辦的盛大儀式。所以，在我看來，這些讓人大開眼界的震撼體驗，凸顯了尚武的古羅馬民族追求真實衝擊力的娛樂心理。

當古羅馬鬥獸場人聲鼎沸的時候，長安盛典上的歡呼聲又是為何響起的呢？

馬球這種運動在唐代非常盛行，唐代的文獻當中經常可以見到有關馬球的記載。唐人對馬球情有獨鍾，而且不僅男人喜歡，女人也很喜歡，打馬球

的人特別多，尤其是中上層社會的人。乾陵唐章懷太子墓中有一幅壁畫《打馬球圖》。這幅壁畫描述的正是當年的盛大場景。奔騰的駿馬，爭相擊球的騎手，還有跟着比賽擊鼓奏樂的觀眾們，真是熱鬧喧天。我們可以想像，每當長安城裏鱗次櫛比的馬球場擂起戰鼓的時候，整個城市都會籠罩在一片人聲鼎沸的熱烈氛圍中。可是，唐人為甚麼會對馬球如此推崇備至呢？

大明宮遺址公園的一組雕塑給我們提供了一個重要信息。讓馬球成為全民娛樂盛典的，正是大唐的皇帝們。與喜歡觀賞演出的古羅馬皇帝不同，唐代的皇帝們都是馬球場上真正的主角。唐代 21 位皇帝當中，有 11 位是馬球高手，甚至還有兩位皇帝因為打球打得太認真而喪命。所以，馬球在唐代不僅是一項運動那麼簡單，它是一場由皇帝帶領、全民參與的國家盛典。皇帝一展身手之時，將會是甚麼樣的盛景呢？據史料記載，唐玄宗李隆基曾經親自帶隊，上演過一次「馬球外交」。公元 709 年，他「東西驅突，風馳電掣，所向無前」，僅用四人組隊就大勝吐蕃十餘騎，憑藉自己高超的技藝讓眾人折服，贏得了在場各國使者的讚譽。這說明，馬球在唐代不僅是競技，更是彰顯大國風采的舞台，展現着技與美的完美結合。可以說，煌煌大唐，每一場盛大的馬球賽都是萬眾矚目的頂級盛典。

原來，長安和羅馬的古代生活遠比我們想像中精彩太多。不論是那些空前絕後的曠世奇觀，還是令人目眩神迷的高超技藝，千百年後，都仍然讓人讚歎不已，魂牽夢縈。

古羅馬競技場

古羅馬競技場，也就是羅馬鬥獸場，是古羅馬帝國專供奴隸主、貴族和自由民觀看鬥獸或奴隸角鬥的地方。古羅馬競技場位於羅馬市中心，建於公元 72 年—80 年間，是古羅馬最大的圓形角鬥場。建築平面呈橢圓形，

四層結構，外圍牆高 57 米，相當於現代 19 層樓房的高度。佔地面積約 2 萬平方米，可以容納近 9 萬名觀眾。

打馬球運動

馬球，古稱「擊鞠」，是騎在馬背上用長柄球槌拍擊木球的運動。三國曹植《名都篇》中有「連翩擊鞠壤」之句。相傳唐初由波斯（今伊朗）傳入，稱「波羅球」，後傳入蒙古，相沿至今。右圖為明代佚名繪《馬球圖》。

15　頭等大事

每天當我們從睡夢中醒來，第一個需求是甚麼呢？無論是在東方還是西方，答案都永遠只有一個：上廁所。這是全人類最基本而且永遠共同的生活需求。然而，這件最不足掛齒的日常行為，若是放在千百年前，卻絕非小事。

可能是由於太過平常，一般人對於廁所絕不會時不時地左右端詳，思索它背後的往事。但來到了意大利，我覺得，這件事還真值得我思考一下。因為有人說，正是這件不起眼的小事，才保證了羅馬歷史能夠延續千年。真的是這樣嗎？

在意大利那不勒斯龐貝遺址，這裏可以看到古羅馬的一間廁所，裏面有石條、凹槽，還有可以鑲嵌的石件。整個設計中，最關鍵的是排水系統。水從這邊進來，繞上一圈，然後從那邊的排水口排出去。廁所的面積足夠容納十幾個人同時如廁。眼前的遺跡讓我不禁感歎，千百年前古羅馬人創造的這種排污系統，今天看來仍然十分合理。在奧斯蒂亞，這裏有更加完整的古羅馬廁所遺址，我們可以看到，水槽之上的石板，不僅一目了然地說明了坐便的使用方式，更是將整個衛生設施的內外完全隔離。有了這樣流水排污的構造，無形當中就能省去大量清潔和維護的人力。所以在古代，這樣的廁所才能遍佈羅馬帝國的每一個角落。

古羅馬廁所遺址

這一份小小的清潔，是古老而又超前的生存智慧。它不僅在千百年前造就了現代廁所的雛形，更在那個醫學還十分原始的年代，成為保證公共衛生的重要手段。得益於此，羅馬才能在歷史上多次致命的瘟疫當中屹立不倒。可見，能夠左右人們健康的任何細節，都絕對事關重大。

巧合的是，在描述大唐生活的古籍《朝野僉載》中，我也找到了一段關於如廁的傳奇。在唐代的長安城，有一個富商，家財巨萬。他是靠甚麼致富的呢？其實就是拾糞。他很富有，但當時的人們給他家起了個外號，叫「雞飼」，因為那時候人們認為，雞是在糞堆裏邊用爪子刨食吃的。由此可以看出，人們對他這個行業並不算尊重。但不可否認的是，這個行業的確能夠產生巨大的經濟效益。既然「廁所狀元」能富甲天下，那他致富的「聚寶盆」究竟長得是甚麼模樣呢？

在西安博物院，副研究館員李超拿出了一件近年徵集來的漢代釉陶豬圈。這個東西很特別。我見過好幾個漢代的廁所模型，但這種場景的卻是第一次見。李超介紹說，廁所和豬圈合在一起，是在漢代流行開來的。這種結構在漢代應該很常見。這種廁所被古人稱之為圂。據記載，它的歷史至少可以追溯到春秋戰國時期。豬圈和廁所，這兩個現在看起來並無關聯的東西，被古人結合在了一起，其實這裏面大有文章。這樣的一個造型有利於人和牲畜的糞便囤積在一起。作為農耕民族，中國人自古就有積肥的傳統。旁人嫌棄的污穢之物，來到農田裏，卻能成為農作物生長的寶貴動力。土地肥沃了，面朝黃土背朝天的先祖們才能得以戰勝歷史上數不盡的天災人禍，用充足的糧食養育華夏的子子孫孫。

在我看來，不論是流水的古羅馬廁所，還是積肥的長安農圈，都看似

平常，卻有着極為深遠的影響。所以說，不論東方西方，當任何一件不值一提的小事關乎人們生活的時候，那都是不可忽視的頭等大事。

古羅馬廁所（電腦復原圖）

漢代釉陶豬圈是西安博物院收藏的一件隨葬模型器。釉陶豬圈半橢圓形，通長 30.6 厘米，寬 22 厘米，通高 24.4 厘米。圍欄以鏤空長方形分隔，圈內有正在生產的母豬和吃奶的小豬，豬圈上方有廁位，懸山頂，中部起脊，中有隔牆將廁位一分為二，裏面有兩個看熱鬧的人並排而立。廁內有蹲坑，直通下面的豬圈。這種豬舍與廁所合一的建築形式，主要是為了實現積肥的功能，反映出漢代小農社會的生活習俗。

16 生命的守望

如今，人們的生活中總少不了各種各樣的萌寵溫柔可愛的身影。然而，對於千百年前長安和羅馬的古人們而言，人與寵物之間可遠不止陪伴這麼簡單。

據我所知，狗是當之無愧的世界第一寵物。牠們總能給人溫柔體貼的印象。在羅馬的台伯河畔，我遇到了一個憨態可掬的大傢伙。聽說牠在古羅馬地位十分顯赫。真有這麼回事嗎？

當地人告訴我，這種狗名叫科爾索犬，在意大利被人馴養，已經有兩千多年的歷史。在古代的意大利，這種狗是打獵用的獵犬，相當兇猛。剛才拉

牠的時候，我就感覺到了那個力道，那個衝勁絕不是一般的狗能有的。據說過去在農場裏，兩三隻科爾索犬就可以將牛咬得動彈不得，這樣更便於農夫進行屠宰。這種力量真是令人難以置信。

然而讓我更加驚訝的是，古羅馬人讓這種狗常伴身邊，居然還有更大的用處。相傳凱撒大帝在進軍不列顛的戰役中，勇猛異常的科爾索犬組成了一支特種部隊。軍團衝鋒陷陣時，牠們會衝在最前面，用毫不留情的撕咬，將凱爾特士兵打得潰不成軍。於是，科爾索犬成了那個時代古羅馬軍團的一把利劍。

在我看來，古羅馬人選擇這樣的寵物，不僅是需要牠的絕對忠誠和服從，更因為羅馬人本身就是能征善戰的民族。只有這樣一種勇武不輸獅虎的猛獸，才配得上他們無盡的征途。這是戰士與戰士之間共通的血性基因。

唐人也有像今天一樣的寵物犬、寵物貓。但是有意思的是，唐人的寵物當中，還有一種具有很強的實用價值，這種方式是今天的人難以體會到的。唐人飼養的寵物與今天有怎樣的不同？他們飼養寵物的目的又是怎樣的呢？在很多唐代壁畫上，我們不僅可以看到寵物的身影，還可以找到我們想要尋找的線索。

狩獵幾乎是唐人娛樂活動當中的主要形式。有意思的是，唐人狩獵時，都帶着各種各樣的寵物。在乾陵唐章懷太子墓的壁畫上，可以看到很多動物，有鷹，有豹子，還有猞猁。唐人的文化就是這樣，連飼養寵物都崇尚一種剛強的氣質。

尚武的唐人選擇猛獸做自己的得力助手，這似乎和古羅馬人一樣，是十分強調實用性的。但其實，他們在寵物上所花的心思還遠遠不止於此。一千多年後，今天西安技藝高超的騎手們，重現了唐人訓練寵物的登峰造極之作。它曾是唐代歷史上極富傳奇色彩的一筆，那就是只有在唐代宮廷大典上才難得一見的曠世國禮——舞馬銜杯。

在我看來，唐代可以說是中國歷史上頗為崇尚騎士文化的時代。馬是大唐文化的代表，單純的乘用，遠遠不能凸顯馬在那個時代作為精神象徵的意義。除了實用價值，牠們更要與主人性情相投，心意相通。我們重現了千年前的技藝，才能體會到，古人與寵物有時候比我們走得更近。因為要合力創

造奇跡，人與動物必定是心連着心的。

　　回望千百年前的生活，無論是古羅馬人與猛犬的戰友情深，還是唐人與
駿馬的如影隨形，我認為，都是源自一種跨越物種的榮辱與共，相互信賴。
這種情感的共通，就是自古到今都未曾改變過的生命的守望。

唐代 周昉《簪花仕女圖》（局部）　　　　唐代 舞馬銜杯銀壺 陝西歷史博物館

🐫 科爾索犬

科爾索犬是古羅馬的一種猛犬，其名字來源於拉丁語，意思是「衛士」。牠體型瘦長，肌肉強健，動作敏捷。在古羅馬角鬥場上，科爾索犬曾經與熊、獅子、老虎等大型猛獸廝殺。科爾索犬對人忠誠，性情勇猛，具有非凡的勇氣和超凡的耐力。科爾索犬最光榮的歷史，就是曾經在古羅馬軍隊中服役，與主人協同作戰，與手拿利器的士兵搏殺對抗，為古羅馬帝國立下卓越戰功。

🐫 舞馬銜杯

舞馬，是指經過訓練、能按照音樂節奏翩翩起舞的馬。在唐代，馬不僅廣泛應用於戰爭及交通運輸，還大量應用於宮廷貴族的社交與娛樂活動，其中唐玄宗時期的舞馬最為特別。據史料記載，唐玄宗曾飼養幾百匹舞馬，每到玄宗生日，皇宮裏都會舉行盛大的慶祝活動，並以舞馬助興。此時的舞馬披金戴銀，隨着樂曲起舞。一曲結束之後，舞馬會銜着盛滿酒的酒杯到皇帝面前祝壽。安史之亂後，舞馬銜杯這種宮廷娛樂形式徹底銷聲匿跡。

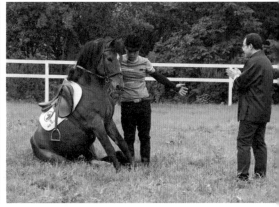

17　浴場往事

～～～～～～～～～～～～～～～～～～～～～～～～～～～～～～

　　無論何時，與水親近都是人的天性。這一種由身體到心靈的潤澤，就叫做沐浴。但是，如果與東西方的古人相比，我們今天的沐浴可就太過平常了。

　　我今天的探尋，將會從拜訪意大利古建築修復專家開始。詹尼·布里安花費半生的時間，復原了古羅馬城裏的一大奇觀——大浴場。在一千八百多年前，這裏佔地十二萬平方米，可以說是當時羅馬城裏獨一無二的龐大建築群。這座浴場復原之後的樣子，真是氣勢恢宏，無與倫比。古羅馬人建造這麼大的浴場，究竟有甚麼特別的用處呢？

　　只有身臨現場，才能感受到這個建築有多大，浴場的更衣室，有四五層樓那麼高。令人難以想像的是，這些豪華的建築，在當時並非權貴私有，而是面對民眾開放的基礎公共設施。當年到這兒來洗一次澡，講究可是很多的。意大利專家說，古羅馬人把大廳叫做「暖房」，是在地面上通過蒸汽加熱的。這座大型的公共浴室裏，有燒紅的銅板，有人往上面潑水，就像今天的桑拿。桑拿之後，就是令人放鬆的熱水浴，還有可以活動筋骨的游泳池。除了這些，古羅馬人還會在浴場裏健身按摩，甚至還有體育比賽，好不熱鬧。可是，老百姓洗澡這種日常行為，真的有必要弄得這麼複雜嗎？

　　原來，古羅馬的浴場並不是我們一般意義上理解的澡堂子。這裏最重要

的作用，就是作為公共場所來滿足人們的社交需求。在這裏，男人們能了解最新的時政要聞，女人們也有聊不完的家長里短。甚至有傳言說，很多人一旦有空閒，就會在浴場裏待上一整天。所以，這裏才能如此的五花八門，應有盡有。我曾經讀到過，西方歷史上曾用「社交綜合體」這樣的說法來形容羅馬的大浴場。看來在那個年代，這裏是融入羅馬生活必不可少的場所。

大唐長安的萬世風雅，離不開這裏依山而建的皇家行宮，它的名字就叫華清池。當唐人在這裏寄情於水，中國的沐浴文化便得到了最為極致的體現。

一到華清池，立刻有一種溫暖如春的感覺。自古以來，這個地方就被歷朝歷代所利用。唐代對於華清池的營建是空前的。這得益於唐人相信溫泉水能夠治療疾病、保持健康的信念。而唐人享受沐浴的方式更是別出心裁。楊貴妃洗浴的地方是海棠花瓣的形狀，算得上是整個華清池最為傳奇的地方。唐人的沐浴方式總是充滿詩情畫意的，鮮紅的花瓣，碧綠的蘭草，還有各種天然香料，可謂千姿百態，五光十色。詩人白居易曾將楊貴妃沐浴的景象用「溫泉水滑洗凝脂」這樣美的詩句來描繪。可以想像，唐代的宮廷湯池一定是別樣雅致的。當然，白居易絕不可能親眼見過他所描述的場景，因為對於中華民族的傳統來說，沐浴從來都是一件極為私密的事情，所以不僅皇家浴場是絕對的禁地，尋常人家的浴室裏也同樣充滿了禮儀。

自西周（公元前 1046 年—公元前 771 年）起，沐浴就有了明確的規定。秦漢（公元前 221 年—公元 220 年）時要嚴格遵守「三日一洗頭，五日一沐浴」的禮法，不能多也不能少；來訪的客人，進門必須沐浴後才能上桌吃飯。這些都是全民遵循的社會法則。所以我認為，對於中國古人來說，沐浴絕非小事，而是東方禮儀之邦尤為重視的生活儀式。

如今，羅馬浴場的盛景早已不再，長安華清池的浪漫故事也已化為詩篇，然而上善若水，古往今來人們對於沐浴的美好記憶卻是亙古不變的。

古羅馬浴場（電腦復原圖）

羅馬成為強大的帝國之後，公民生活富足，享樂之風盛行，沐浴也成為社會各階層的重要活動，其中最受歡迎的就是公共浴場。公共浴場是古羅馬建築中功能最複雜的一種類型。古羅馬曾有大大小小的浴場八百多個。除了洗浴空間之外，較大的浴場還有休息廳、娛樂廳、圖書館、健身房、商店、餐廳等。對於羅馬人來說，公共浴場並不只是一個沐浴的地方，還是重要的社交活動場所，人們在這裏可以閒談，交流信息，也可以處理各種事務。

華清池

華清池，也就是華清宮，是唐代帝王的別宮，位於陝西西安的臨潼區。始建於唐初，唐玄宗時擴建宮殿，取名華清宮，因以溫泉為特徵，又稱華清池。華清宮背靠驪山，面向渭水，擁有龐大的宮殿建築群。驪山有豐富的地熱資源，所以，以溫泉聞名的華清池，也成為皇家沐浴的地方。這裏的溫泉水質純淨。唐玄宗的蓮花池、楊貴妃的海棠池、唐太宗的星辰湯等，都是保留至今的皇家湯池遺址。

18 對酒當歌

　　小酌，還是豪飲？這不是一個問題，而是一種情結。對於愛酒之人，世界再陌生，總有那麼一處熟悉的角落，讓人感到喉嚨乾澀，渴望甘露的潤澤。在這裏，酒並不是目的，而是寫故事的一支筆。

　　在今天西安的城牆下，一處曲徑通幽的小酒館，仍然保留着些許大唐酒肆的韻味。那麼對於唐人來說，酒肆裏曾駐留過甚麼樣的生活呢？在這家酒館裏，酒罈子佈置還是挺有感覺的。唐代的酒肆首先是酒類的批發商，然後才是喝酒的地方。在長期宵禁的長安，酒肆並不能在晚上營業，人們想像中通宵達旦的歡醉場景也很少出現。既然如此，唐人又為何格外貪戀酒肆時光呢？

酒館服務員為我端上了陝西的稠酒。這個稠酒，其實也就是中國古代的米酒，醪醴之酒，做法非常古老。稠酒在喝的時候要再經過一番加熱，酒煮起來的時候，有一種滿屋飄香的感覺。如此甘甜可口的美酒，當然所有人都會愛喝。當年的酒肆也一定是長安百姓們最樂於光顧的場所之一。稠酒並非濃烈得足以醉人。我不禁在想，在唐代，究竟甚麼人才最懂得享受這一番「酒不醉人人自醉」的愜意呢？

唐代的酒肆裏，文房四寶是必備的，原因很簡單，那個地方經常是文人聚集的地方，而且文人們常常靠酒精來激發自己的靈感。「李白斗酒詩百篇」，偉大的唐詩當中，有很多名句極有可能就是誕生在酒肆這樣的場合的。在我看來，唐代的酒肆也許就是這樣一個文人墨客寄情風雅的地方。文人們來到這裏，少了幾分刻板的束縛，多了一些暢懷的快意。那些對酒當歌的詩篇，也為後世留下了一番文耀東方的長安格調。

　　提到古羅馬人與酒，有這樣一個說法：假如你身在龐貝，無論哪個方向，只要走一百步，總能遇到酒吧。那麼，這些鱗次櫛比的酒吧，又留下了古羅馬人甚麼樣的記憶呢？

　　龐貝遺址博物館館長介紹說，在龐貝遺址的模型上，可以看到一些供着神像的酒吧。這類的酒吧裏常年販賣各種熟食速食，還出售很多飲料，有湯和一些熱飲，當然更多的是紅酒，牆上還有酒神巴庫斯的神像。當地人告訴我，在這裏販賣食品，其實正是古羅馬人太熱愛酒吧生活的體現。只要結束了每天的忙碌，他們就會成群結隊地聚集在酒吧。此時，粗茶淡飯已經無關緊要，速食反而能節省更多的時間讓他們開懷暢飲。那麼千百年前，在這些酒吧裏，到底有甚麼樣的景象讓古羅馬人流連忘返呢？

　　對於等級森嚴的古羅馬社會來說，白天的眾目睽睽總是關乎名譽與階級，酒吧之夜才是最自由、最不懼世俗的。在這裏，卸甲的騎士會講起前

線的戰事，正是如此，羅馬軍神西庇阿才在少年時就背熟了漢尼拔的戰場詭計；在這裏，冠軍賽車手德加斯即便是奴隸身份，也能與貴族女粉絲自由戀愛，沒人計較相差懸殊的階級；在這裏，水手們聲情並茂地描述着異國的境遇，而好奇的波利比烏斯，卻把這些故事都牢牢銘記在了《羅馬通史》裏。

作為古代西方文明的高峰，羅馬社會的發達程度首屈一指，而且，人們十分注重社交。正是這種社會需求，讓私密而舒適的酒吧成為古往今來人們必不可少的交流空間。這裏有屬於每個人的故事。在我看來，簡簡單單的一杯酒，都在沉澱着千百年來羅馬的浪漫與豪情。

從長安酒肆到羅馬酒吧，在東西方共同的醉鄉裏，永遠都不會只有愉悅這麼簡單。無論是靈感的風雅，還是真情的流露，總有一些情緒在這樣的場合才最能夠抒發。我有酒，你有故事嗎？在我看來，酒就是故事，故事就是酒。

稠酒

稠酒是陝西的一種米酒，始於商周時期，距今已有三千多年的歷史。中國最早的醫藥總集《黃帝內經》裏多次提到的「醪醴」，就是稠酒的前身。稠酒顏色潔白，汁稠醇香，綿甜適口，酒精含量比較低，喝的時候可溫可涼，四季皆宜。

酒神巴庫斯

羅馬神話中的巴庫斯是酒神和植物神，相當於希臘神話中的狄俄尼索斯。相傳巴庫斯是從朱庇特主神的腿中誕生出來的，有關他出生的故事，至今依然保存在梵蒂岡博物館的一塊浮雕上。在羅馬神話中，巴庫斯用葡萄釀酒，並把葡萄栽培技術和採集蜂蜜的方法傳給人類，所以被人類尊為酒神。

19 智慧的火種

西方神話講過，普羅米修斯將火種傳入凡間，人類便擁有了改造自然的力量。我覺得，神話中的火種暗指的就是讓世界不斷發展的發明與創造的力量。但這種力量，其實並非當代獨享，而且，或許我們熟悉的高科技正源於先祖們的奇思妙想。

自陝西寶雞法門寺地宮考古發現以來，眾多唐代的稀世珍寶得以重見天日。據說，其中一件珍寶的出現曾讓全世界驚歎不已，真的是這樣嗎？

在法門寺，曾經出土過一件唐代銀香囊。這種香囊在唐代是一種比較常見的器具，它的外形看起來似乎沒有甚麼特別突出的地方，但實際上，這裏面卻蘊含着足夠多的「黑科技」。這種香囊，唐人用它來攜帶點燃的香料，一般都是女性佩戴在身上或持於手中。可是，哪怕在今天，要讓人隨身攜帶一枚炙熱的火源，也不是一件容易的事。而這種香囊在唐人的日常生活之中卻是常見的實用器。它究竟是如何做到這一點的呢？

我們先來看一下它是怎麼樣運轉的。打開香囊，可以看到裏邊有一個小球，我們可以把它當作香料。這個小圓球放進去之後，就可以看到，無論怎樣運動，無論怎樣顛簸，裏面的小碗總是朝上的，這樣就能夠保證安全，而且還能保證自己身邊香氣繚繞。這個結構設計是非常精巧的。多環嵌套，多

軸穩定，重心中置，自然平衡，這樣的功能看似順理成章，但實際上，這個結構可不止精巧而已。要知道，這種不借助外力就能自然保持平衡的科學技術，是在大約一千二百年之後才誕生在意大利的，在現代，我們稱之為陀螺儀技術。

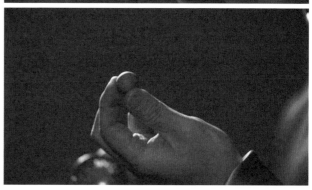

我們無從知道大唐的香囊是否通過絲路傳入過西方，也無處考證後世的陀螺儀是否參考過這件千百年前的古代發明。但是我們可以肯定，正是因為這種古今相通的技術，如今的郵輪才能在大浪中平穩航行，火箭才能不懼風雨筆直上天，我們今天生活的諸多領域才能是今天的樣子。

古羅馬廣場自 20 世紀初逐步修繕以來，遺跡中的很多細節被人們重新認知。據說，在這裏很多相似的角落都隱藏着同一個千年的祕密，那究竟是甚麼呢？作為羅馬城的中心，古羅馬廣場的祭祀活動絡繹不絕，最引人注目的要數天神顯靈的環節。相傳在祭祀時，大祭司會點燃神廟前的火盆，請求天神保佑，不出片刻，兩扇巨大的石門就會突然自動開啟，彷彿是天神回應了祈禱而顯靈一樣，令眾人驚訝不已。雖然我們現在知道這並非神跡，可是在當時，這一切又是如何做到的呢？

原來，自動門的玄機就藏在遺址石柱的下方。那裏曾經設有一套巧妙的機關。祭壇上的火焰使得下方巨大金屬容器中的空氣不斷膨脹，從而通過壓力產生運動，之後，在一系列滑輪裝置的驅動下，神殿大門便自動向人們敞開了。這種與現代動力系統如出一轍的技術，並不是別的，而是將物理學與機械力學完美結合的古代發動機。可以想像，這種古代「黑科技」，一定啟發了後人的發明創造，因為一千八百多年後，推動工業革命的蒸汽機就是這項自動門技術的延伸，兩千多年後，絕大部分交通工具的動力系統都是基於相似的原理。可以說，古羅馬人絕對不曾預見，自己的聰明才智能為千年之後的當今世界造福。

古老的文明得以傳承至今，離不開古人遠超我們想像的創造力。這些智慧的火種哪怕與我們相隔久遠，但那火光終將在我們這些後輩身上照見更好的未來。

1550 年
意大利數學家吉羅拉姆 · 卡丹
提出平衡環概念

法門寺地宮

陝西寶雞法門寺地宮是迄今為止世界上發現年代最久遠、等級最高的佛塔地宮。法門寺又名「真身寶塔」,據傳始建於東漢明帝十一年(公元 68 年),有「關中塔廟始祖」之稱,唐高祖時改名「法門寺」。因安置釋迦牟尼佛指骨舍利而成為佛教聖地。

地宮是中國佛塔構造特有的一部分,是用來珍藏法物的密室。法門寺地宮面積僅 31.48 平方米,但這裏曾出土眾多佛教寶物和兩千多件大唐文物。

20　敬授人時

　　雁塔晨鐘在長安迴盪了上千年，如今這聲聲巨響已經成為中國人心中祈福的象徵。今天的人們已經很難想像，這種晨鐘暮鼓對於古人的生活來說意味着甚麼。實際上，它所提供的是生活的標準時間，是整個城市生活的節奏。

　　人在天地間，時間是支配一切的法則。從文明伊始到地老天荒，我們對於這條法則的求知慾從未衰減。只有掌握了時間的規律，才意味着我們掌握了自己的生活。那麼，東西方的古老文明究竟為此創造了甚麼？

　　在羅馬，高聳的方尖石碑隨處可見，上面棱角分明的埃及文字，證明它是古代征服者的收藏品。對於古人的生活來說，它究竟有甚麼實際作用呢？

　　方尖碑幾乎是羅馬廣場的標配，能夠體現出羅馬人的生活細節，也就是他們如何來看時間。當我們通過攝像機，把若干小時的時間濃縮在一瞬間，

方尖碑的陰影便畫出了自己的軌跡，恰似錶盤上行動的時針。而這就是古羅馬人賴以推算日常時間的基本方法。巧合的是，中國古人知曉時間的方法，也與此如出一轍。古老的日晷也是依靠投影的方向來描繪時間軌跡的。這套共通的系統就是人類在古代最主要的計時方式——太陽鐘。仰仗於此，先祖們在幾千年前，就將時間的運動劃分開來，形成了西方的二十四小時和東方的十二時辰。

從那時起，人類對於時間的認知完成了第一次飛躍，從白天與黑夜的寬泛概念，精確到了「時」。可以說，這是古人認識世界和掌握自己生活的起點。不過，人類探索的腳步並沒有就此停下。在西安的中國科學院國家授時中心，科學家們復原了中國歷史上革命性的精密計時儀器。

授時中心專家竇鐘介紹說，這架儀器叫水運儀象台，它的原大有 12 米高，在北宋的時候，這是相當龐大的科學工程，花費大約相當於現在的 160 億元人民幣。要弄明白古人花這麼大的力氣來計算時間的原因，我們首先要知道這台儀器究竟能幹甚麼。竇鐘說：「它是多級漏壺帶動一個輪盤來計時，再往上走，那個就叫天文台，可以演示天象，觀測天象，中間還有一個很重要的機構，就是擒縱裝置。英國的科技史學家李約瑟說，這就是 600 年之後歐洲鐘錶的鼻祖。」

通過機械力學來計算時間，再通過觀測宇宙來校對時間，這種科學的方法是人類掌握時間的第二次飛躍，開啟了精確到「秒」的鐘錶時代。無論是長安日出而作的農耕文明，還是羅馬日落終止交易的商業文明，精確的時間讓社會更加高效有序，整齊劃一，甚麼時間做甚麼事的概念，開始成為全世界人們生活的準則。而今天，時間對於生活的意義又一次發生了變革。授時

中心專家張首鋼介紹說，未來的基準鐘是鍶原子光鐘。原子在能級之間越遷的時候，要震盪 10 的 14 次方次才算一秒。這台原子鐘如果連續運行，能做到三百億年不差一秒。如今，時間的精度在不斷地提高。對於很多行業來說，一秒的時間，影響是很大的，比如說，航天器的測控，差百萬分之一秒就是三百米，衛星導航也是通過時間去測量的。

現在，時間科學引領的眾多前沿技術，正在不斷地改變我們的生活。從歷史一路走來，世代人的生活如同在時間的長河中泛舟，而這條時間的河也正是東西方文明幾千年的發展脈絡。就像古人曾經感歎的那樣：「日月之行，若出其中，星漢燦爛，若出其裏。」

方尖碑

方尖碑是古埃及崇拜太陽的紀念碑。在古羅馬時期，埃及曾經是羅馬帝國的一個行政省。當年的佔領者將方尖碑作為戰利品據為己有。於是，很多方尖碑被帶到羅馬。如今，羅馬擁有世界上最多的方尖碑，成為「方尖碑之都」。方尖碑一般以整塊花崗岩雕成，外形呈尖頂方柱狀，碑身刻有象形文字。這種石碑具有紀念和裝飾意義。同時，方尖碑的影子投射的長度及方向變化，可以讓人們知道大致的時間，因此，方尖碑也可以作為簡單的計時工具。

日晷

日晷，即日晷儀，是中國古代普遍使用的計時儀器。日晷名稱中的「日」指「太陽」，「晷」表示「影子」。因此，日晷就是根據日影的位置計時的。日晷通常由銅製的指針和石製的圓盤組成。銅製的指標叫「晷針」，垂直地穿過圓盤中心，石製的圓盤叫「晷面」，人們在晷面的正反兩面刻出 12 個大格，每個大格代表兩個小時。太陽移動時，投向晷面的晷針影子也慢慢地移動，類似現代鐘錶的指標，以此顯示時刻。

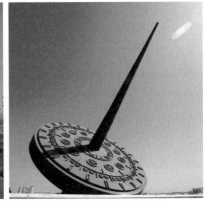

CHANG'AN
MEETS
ROME

千年藝苑

田藝苗，作曲技術理論博士，作家，上海
音樂學院作曲系副教授。目前擔任《上海
壹週》《時代報》《21 世紀經濟報道》《北
京青年週刊》的音樂專欄作家。

講述人　田藝苗

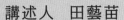

21　絲路上的音樂傳奇

～～～～～～～～～～～～～～～～～～～～～～～～～

　　整個東方的音樂文明，幾乎都跟長安這座十三朝古都有關。這裏究竟發生過多少故事，又隱藏着哪些不為人知的祕密呢？這座「萬城之城」是西方世界音樂文明的發祥地。幾千年前，一條絲綢之路連接着長安和羅馬這兩個文明之都，他們究竟有哪些千絲萬縷的聯繫呢？

　　琵琶是中國人非常喜歡的民族樂器。唐代詩人白居易在《琵琶行》中，對琵琶的聲音有過這樣的描述：「嘈嘈切切錯雜彈，大珠小珠落玉盤。」可見，中國人對琵琶的喜愛至少有一千年的歷史了。據說在大唐時期，家家戶戶學習彈奏琵琶，已經成為一種風尚。

　　琵琶是所有民族樂器裏面最難彈奏的，今天，我來探尋關於琵琶的祕密。琵琶演奏家趙靜介紹說：「為甚麼琵琶難學呢？就是因為它的技法很多。最常用的指法，就是彈挑。」

　　小小的琵琶，可以描述千軍萬馬的戰爭場面，也可以訴說一個良辰美景的愛情故事。琵琶被稱為中國的民族樂器之王，但很少有人知道，它其實是一種外來的樂器。琵琶源自於中東的彈撥樂器烏德琴，兩千多年前經由絲綢之路傳入中國。經過長期的演變，中國人將它的表現力發揮到了極致，最終，它成了講述中國故事的民族樂器。

因為有了絲綢之路，古老的烏德琴也成了音樂文明傳播的種子，向西傳入了古羅馬時期的意大利，在那裏，烏德琴演變成了曼陀鈴。在羅馬古老的樂器博物館裏，我來尋找琵琶在歐洲的攣生姐妹。全世界最古老的鋼琴，不過幾百年的時間。鋼琴在西方社會流傳之前，曼陀鈴在意大利已經風靡了近千年。樂器博物館裏，有一把古老的曼陀鈴，生產自 1595 年的意大利。它和中國的琵琶同宗同源，同樣來自絲綢之路。烏德琴來到羅馬之後，得到了浪漫的意大利人的喜愛。意大利人把它變成了自己的樂器。今天，這裏的人們仍然熱愛着曼陀鈴。在那不勒斯靈與魂製琴工坊，製琴師薩爾瓦多·曼奇尼給我展示了一把 1882 年製作的曼陀鈴，上面用了玳瑁，裏面還有金線來裝飾，很漂亮。至今，意大利人仍然在沿用曼陀鈴製作的傳統技藝。曼陀鈴的結構、形狀和演奏技巧，都與中國的琵琶十分相似。但是，曼陀鈴不像琵琶那樣，用來描述千軍萬馬的故事，在意大利，表現浪漫是它的專利。曼陀鈴的聲音清脆悅耳，像這裏的小伙子一樣，溫柔又浪漫。

　　絲綢之路將一把古老的烏德琴傳奇般地變成了一對各具魅力的攣生姐妹。儘管相隔萬里，兩個不同性格的民族卻能用同一種樂器講述各自的故事。在我看來，這就是文明交融的奇跡。

《唐人宮樂圖》

《唐人宮樂圖》描繪了唐代宮廷仕女宴樂生活的一個場面。畫面桌子的周圍，坐着仕女九人，左方立着侍奉的女孩兩人，桌上陳列着蔬果、酒具，有的飲酒，有的作樂，女孩立在後面打拍板，有的彈琵琶，有的鼓瑟，有的吹笙，有的吹管子。從人的表情上看，該畫作彷彿表現了一支曲子演奏得正濃的一剎那。

琵琶

琵琶是中國的撥弦樂器。琵和琶是兩種彈奏手法的名稱，琵是右手向前彈，琶是右手向後挑。琵琶既能獨奏，又能伴奏和合奏，表現力較為豐富，是中國民族樂隊中比較重要的樂器。琵琶在公元前 2 世紀的秦代就已經出現。公元 350 年前後，西亞的烏德琴經由印度傳入中國，人們把這種

樂器與本土琵琶結合起來，對其加以改進，逐漸形成了如今的琵琶。唐代是琵琶發展的高峰，出現了大量的琵琶演奏者和樂曲。

曼陀鈴

曼陀鈴是彈撥樂器，起源於意大利，是魯特琴的變體。而魯特琴的前身則是源自西亞的烏德琴。曼陀鈴最早出現於 15 世紀的意大利。傳統曼陀鈴的琴身為梨形，由一整塊木頭雕刻而成。18 世紀中期，那不勒斯出現了現代曼陀鈴的雛形。19 世紀下半葉，曼陀鈴開始向世界各地發展。

22 廟堂之聲

1970 年 4 月 24 日，《東方紅》這首每個中國人都不會陌生的歌曲，伴隨着「東方紅一號」衛星響徹寰宇。這是中華民族第一次在太空中發出的聲音，也是古老的西安城每天最早聽到的聲音。您知道這穿透力如此之強的聲音是來自甚麼樂器嗎？

在意大利羅馬，每當聽到一個聲音，我都會有一種莫名的感動。它在亞平寧半島飄盪了幾千年，見證過這個民族的很多重要時刻。這又是甚麼樂器的聲音呢？

在距離西安城僅有 30 公里的漢武帝墓旁邊，我看到了這樣一種樂器，中國第一顆人造衛星在太空唱響的那首《東方紅》，就是由它演奏的，它叫編鐘。編鐘是中國最古老的樂器之一。它是廟堂的雅樂正聲，是當時的貴族專享的。我平生第一次敲響編鐘時，心裏一直在想，為甚麼只有中國人用鐘來做樂器？為甚麼在古代中國，只要編鐘的樂聲響起，就會有大事發生呢？

當我第一次來到羅馬，走進它的第一感受就是我被音樂包圍了。很多人來羅馬都會驚歎於這裏的建築，但在我看來，這些建築的圓形穹頂就是為音樂而設計的。教堂是羅馬最神聖的地方，從古至今，每逢重大儀式，這種恢弘的聲音都會在這裏鳴響，穿透穹頂，迴盪在每一個羅馬人的心中。發出這種聲音的樂器叫作管風琴，而穹頂就是它巨大的音箱。兩千多年來，羅馬人一直認為管風琴是最接近天堂的聲音，而我這個外來的人最感興趣的卻是，它小小的琴身怎麼會有如此振聾發聵的能量？

在羅馬人發明管風琴之前的一千多午裏，編鐘主宰着中國的秦漢朝堂。

在皇帝登基、祭祀先祖這樣的國家儀式上，編鐘都會閃亮登場。在那個年代，與其說編鐘是一種樂器，不如說它是一種禮器更為準確。王公貴族認為，用編鐘演奏的音樂，是他們獻給上天的祭禮。在沒有擴音設備的三千年前，把鐘化作樂器，真是中國人獨一無二的創舉。小鐘清脆，大鐘渾厚，利用迴響將聲音盡可能遠遠地傳播，我們不得不佩服中國人在青銅鑄造、聲學和結構力學方面的高超智慧。

與編鐘相比，管風琴更像是個系統工程。為了擴音效果，工匠們將它的發音管與建築結構巧妙地設計在一起。據說，它的結構比鐘錶還要精密。同時，它的表現力也非常豐富，有上百種音色，手腳並用的鍵盤，只有高超的演奏家才能駕馭得了。可以說，管風琴是聲學和建築科學的完美結晶。

浸潤在神聖的樂聲裏，我突然明白，無論古今東西，也無論種族貴賤，與天地溝通，讓靈魂昇華，是人類亙古不變的心靈追求，而音樂就是上蒼賦予我們的最好的表達。

🐫 編鐘

編鐘是中國古代的大型打擊樂器，起於夏代，盛於春秋戰國至秦漢時期。編鐘由青銅鑄成，若干個大小不同的鐘，按照音調的高低次序懸掛在木架上，編成一組或幾組，用木槌敲打銅鐘，可以發出不同的樂音，音色清脆明亮，悠揚動聽。1978 年在湖北隨州出土的戰國曾侯乙編鐘，是中國迄今發現數量最多、保存最好、音律最全的一套編鐘，代表了先秦禮樂文明與青銅器鑄造技術的最高成就。

🐫 管風琴

管風琴是一種大型鍵盤樂器，靠銅製或木製音管發音。音樂史上第一架管風琴是公元前 250 年由古羅馬工程師克特西比烏斯製造的水壓式管風琴。此後，管風琴不斷改進，體積不斷擴大，並被引入教堂。16 至 19 世紀，管風琴在歐洲樂器中佔有統治地位，被稱為樂器之王。管風琴的結構複雜而又龐大。它幾乎可以模仿所有管弦樂器的效果，可以演奏豐富的和聲，音域寬廣，音色輝煌，具有磅礴的氣勢。

23 傳與承

　　這是一種來自七千年前的樂器，它的名字叫塤。在曠古的樂聲中，我彷彿聽到了祖先的呼吸，看到了他們狩獵時的場景。這種悠遠的樂聲，如何從遠古穿越而來呢？這一次，我將探訪幾位音樂人，告訴你音樂文明傳承的故事。

　　懷着好奇，我來到了西安半坡古塤工作坊。在這裏，我要看一看古塤是如何誕生的。畢業於西安音樂學院的劉豪，如今已經是古塤製作技藝的傳承人。他告訴我，做塤的泥土來自滻河邊，經過河水的沖刷之後，泥土變得比較細膩。塤的製作過程中，要修胚、塑型，把它修整光滑，挖孔之後，就會出現音高。最神奇的地方在於，這些工匠沒有任何校音器，全憑自己的手感，憑開孔的距離就能知道這個塤是甚麼調。這是非常神奇的。只有親自上手，我才體會到遠古先民的智慧。他們用火、水和泥土創造了這種獨一無二的樂器，真是不可思議。

　　這種古籍記載中盛行於長安宮廷的樂器曾失傳已久。直至 20 世紀 50 年代，考古學家在西安半坡原始社會遺址的考古挖掘中，才第一次看到它最初的模樣。經過音樂家和工匠的共同努力，古老的塤重獲新生。與老一

代傳承人不同的是，具有專業音樂技能的劉豪，不僅傳承製作技藝，還在演奏上潛心研習，用古塤特有的表現力來延續它的藝術生命。

在音樂的殿堂裏，有人選擇了傳承古老的旋律，有人在尋找不一樣的聲音。

意大利是西方音樂文明的搖籃，從這裏唱出去的美聲歌曲風靡了整個世界。它吸引着很多熱愛歌唱的人遠赴重洋來到這裏。同樣畢業於西安音樂學院的聶紅梅，二十多年來一直在這裏學習唱歌。美聲唱法究竟有甚麼樣的魅

力，讓她背井離鄉來到這裏呢？聶紅梅說，她是在 20 世紀 90 年代初第一次聽到意大利美聲唱法的，感覺非常好聽，就覺得應該來意大利學習。

美聲唱法是意大利人獨創的一種歌唱藝術，幾百年來風靡世界，經久不衰。要想唱好美聲，歌唱者必須具備優美的音質和高超的演唱技巧。聶紅梅來到羅馬學習的目的，就是要通過系統的訓練，掌握意大利人發明的科學的發聲法。聶紅梅和她的搭檔弗朗切斯科·格魯洛介紹說，美聲唱法教授人們用最簡單的方式歌唱，而且喉嚨不會吃力，這是非常科學的發聲方法。經過多年的系統學習，聶紅梅的演唱水平得到了意大利歌壇的認可。如今，她將歌聲帶回了祖國。在美聲唱法來到中國近一個世紀的時間裏，正是由於一代代音樂人的傳承，這種優美的歌唱藝術才能在中國這片土地上生根發芽。

羅馬國立音樂學院院長羅伯特·朱利阿尼說：「我認為音樂可以帶來和平，同時，它也是不同民族之間對話的工具。這不單單指音樂方面，更是不同地區社會關係的相互理解。」

塤

塤是中國最古老的吹奏樂器之一，音色幽婉，大約有七千年的歷史。塤最早的雛形是狩獵用的石頭。古代先民用石頭投擊獵物時，有些石頭上自然形成的空腔，會由於氣流的作用而產生哨音。這種哨音啟發了先民的靈感，早期的塤就這樣產生了。最初的塤大多是用石頭和骨頭製作的，後來發展成為陶製，以梨形最為普遍。塤的上端有吹口，側壁開有音孔，春秋時期的塤已有六個音孔，能吹出完整的五聲音階和七聲音階。

24 戲台的魔力

西安易俗社，長安的戲台。自從有了秦腔，長安的舞台上就有了秦人的魂。奧斯蒂亞古城遺址，羅馬最古老的戲台。古老的歌劇從登上戲台的那一刻起，就開始流淌在意大利人的血液裏。千百年來，東西方的戲台上每天都上演着悲歡離合的故事。古老的戲台到底有甚麼樣的魔力，讓人們至今對它如此痴迷呢？

在步入國際化的今天，西安城卻有着你不了解的另一面。這裏到處可以聽到古老的秦腔。這種嗓音高亢的戲曲，深受百姓的喜愛。從清晨到夜晚，秦腔在不同的舞台上輪番登場。觀眾不分男女老少，秦腔成了他們生活中必不可少的存在。在臨時搭建的戲台上，51 歲的秦腔藝術家齊愛雲即將登場，台下上千名戲迷都在期盼。儘管她的戲觀眾們已經看了很多年，但是，她委婉的唱腔人們還是百聽不厭。

秦腔最觸動我的，就是它獨特的唱腔，這是秦腔的魂。儘管秦腔的唱腔十分豐富，但給人感覺最深刻的，還是它攝人心魄的高腔。西北人豪邁直爽的性格，造就了這種高亢嘹亮的表達方式，讓聽者感覺酣暢淋漓。

起源於唐代的秦腔，被譽為中國的百戲之祖。據說，唐明皇曾在驪山腳下的華清宮開設梨園，專門教授戲曲歌舞。直到今天，戲曲界的人還自稱為

西安易俗社

古羅馬戲台

梨園子弟。對於陝西人來說，秦腔不只是戲，還是一部史書。十三朝古都，周秦漢唐的故事，一直在戲台上演繹，伴隨着耳熟能詳的唱腔，唱到了老百姓的心裏。

雖然一直以來，歌劇被視為殿堂級的高雅藝術，但是在它的故鄉意大利，還有另一種場景。我沒想到，在羅馬一個普通的小教堂裏，也能欣賞到高水平的專業歌劇表演。可見，歌劇已經完全融入到了意大利人的生活裏。

意大利人創造的歌劇，最早可以追溯到古羅馬時期。古羅馬人將文學、舞蹈、交響樂和美聲唱法融為一體，把生活中的人物變成了戲台上的角色，用歌唱講述他們的故事。歌劇裏有愛情、背叛、仇恨、憂傷和激情，還有技藝高超的美聲唱法。華麗的嗓音點燃了意大利人的熱情，感染着每個人的心靈。在意大利，幾乎每個城市的中心都有一座歌劇院。從它華麗無比的裝飾上，就可以看出人們對歌劇藝術的尊重。在電影電視誕生之前，歌劇院就是人們的造夢工廠。今天，我在這裏也體驗了一下作為歌劇演員的那份榮光。

如同歌劇一樣，秦腔源於生活，又高於生活。扮上戲裝，穿上戲服，我才真正體會到秦腔那考究的美。真正折服我的，還是戲台上異彩紛呈的表演。在戲台上馳騁了幾十年的齊愛雲，至今保持着完美的身段。台上一分鐘，台下十年功，對於這些藝術家來說，戲台承載的就是她們的一生。

上天給了羅馬人和西安人同樣熱情直爽的性格，又賦予了他們響徹世界的嗓音，秦腔、歌劇給了我們一個可以參與感知的音樂世界，也賦予了演員們一個個鮮活的戲台生命。

秦腔

秦腔是流傳於中國西北地方的傳統戲曲形式。古時陝西、甘肅一帶屬秦國，所以這種戲曲被稱為「秦腔」。秦腔最重要的特點，就是唱、唸都以陝西關中方言為基礎，同時融入古代詞曲的語言。這些語言特點與音樂特點相融合，共同形成了秦腔藝術獨特的聲腔風格，語調高亢激昂，表演粗獷豪放，生活氣息濃厚。

歌劇

歌劇是西方舞台表演藝術，是一種主要以歌唱和音樂來交代和表達劇情的戲劇形式。歌劇最早出現在 17 世紀的意大利，後傳播到歐洲各國。18 世紀之前，意大利歌劇一直是歐洲的主流。19 世紀初期是美聲風格歌劇的高峰期，19 世紀中後葉則被譽為歌劇的「黃金時期」。莫扎特、羅西尼、瓦格納、威爾第、普契尼等，都是最具代表性的歌劇作曲家。

25　一聲一世

　　大唐時代，長安城就飄盪着古琴的聲音，千百年來不絕於耳。五百多年前，羅馬的街頭也像今天一樣，盪漾着小提琴的琴聲。這兩種東西方的古老樂器，從未因歲月而改變，它的背後又有甚麼奧祕呢？

　　小提琴是意大利人送給世界的禮物，被稱為樂器王國裏的女王。做一把好的小提琴，花費的不僅是漫長的時間，還要像製造一台精密儀器一樣，需要製琴師的全神貫注。我來到羅馬的一家提琴工坊，就是為了探尋關於小提琴的祕密。

　　雖然這家工坊並不大，但製琴師傅馬提亞斯·梅南多的名氣卻很大，很多名貴的百年老琴正是在他的手中恢復了藝術生命。馬提亞斯說：「我給你看一把非常特別的琴。這是一把古中提琴，製造於亞平寧半島的那不勒斯。能在我們的工坊見到這種樂器非常不容易，因為這種中提琴極其罕見，通常只有在博物館才能見到。傑出的音樂家喜歡演奏這種樂器。」

　　馬提亞斯給我講了一個故事。三百年前，意大利的製琴大師們製作出一批能發出絕美音色的好琴，但是從那時起，製作提琴的祕密卻消失了，直到今天，也很少有人能做出與之相媲美的提琴。二十多年前，酷愛音樂的馬提亞斯，為了探尋提琴的奧祕，隻身從法國來到小提琴的故鄉意大利。他從學

121

徒開始，在學習修復古琴的過程中，通過研究材料、聲學結構、塗漆、造型，逐漸揭開了製琴的奧祕。一把把名貴的古琴，經過他的修復，又能夠發出它們原本完美的音色。年復一年，他心無旁騖，追求的就是幾百年前製琴大師們創造的那種穿透靈魂的樂音。

聽着如泣如訴的琴聲，我被馬提亞斯的經歷所感動。這讓我聯想到了一位遠在西安的古琴大師。在古都西安，有一位被稱為中國當代斫琴泰斗的人，他的名字叫李明忠。在李明忠的琴聲裏，我聽到了天地、高山和流水。

李明忠和他的女兒正在製作一把被稱為「百衲」的古琴。李明忠說，這是若干年前做的琴，是梧桐木的，他們準備把它油漆。

百衲琴是唐代丞相李勉發明的製琴方法。這種方法非常複雜，曾經失傳已久。在科技發達的今天，他們為甚麼還要沿用一千多年前唐代時的手工製琴方法呢？

李明忠和他的女兒介紹說，百衲琴這個衲片，就像僧人的衲衣一樣，是一片一片接起來的。唐代在製琴上已經達到相當高的藝術水平。李勉創製的百衲用的都是一樣大小的木塊，在做琴時，要把它們融會在一起。這樣做出的琴，聲音的張力，還有音聲品質的色彩，會更加豐富。中國古代製琴的技藝，在唐代被推向了極致。一把唐代的古琴能彈奏出奇特細膩、清越靈動、餘韻悠長的音色。為了能製作出這樣的古琴，李明忠用了一生的時間。

人之為體，琴之為用，相合相融。製琴師們把樂器當作充滿靈性的生命，一生都在守候屬於樂器的靈魂，只為留下那最美的聲音。

小提琴

小提琴的起源可以追溯到兩千多年前的埃及樂器里拉，後來，意大利人對其進行了改革。據史料記載，最早的小提琴出現於 16 世紀的意大利。16 到 18 世紀，意大利的小提琴製造業隨着音樂藝術的繁榮而得到迅速發展，出現了阿瑪蒂、斯特拉第瓦利等傑出名匠。18 世紀以後，世界各國的小提琴都是仿照意大利小提琴的琴型和尺寸來製作的。

古琴

古琴又稱瑤琴、七弦琴，是中國古老的撥弦樂器，有三千多年的歷史，在中國古代的音樂文化中佔有重要地位。關於琴的最早文字記載見於《詩經》等典籍。古時，琴除用於郊廟祭祀、朝會典禮等雅樂外，也盛行於民間。古琴的聲音寧靜悠遠。幾千年來，歷代的琴師創編了許多琴曲。這些琴曲已經成為廣泛流傳的精美作品，具有珍貴的史料價值，如《高山流水》《梅花三弄》《廣陵散》《瀟湘水雲》等。

26 躍動的舞步

　　舞蹈是人類用靈動的身體語言創造的表演藝術。我很好奇，為甚麼我們中國人用長長的袖子舞了幾千年，而意大利人卻用腳尖征服了全世界呢？

　　袖舞早在漢唐時期就開始流行，特別是在唐樂舞中極為常見。我今天來到驪山腳下，聽說這裏有位姑娘會跳大唐最迷人的《霓裳羽衣舞》。

　　《霓裳羽衣舞》相傳是由唐玄宗作曲、楊貴妃作舞表演的，講述了皇帝神遊月宮見到仙女的神話故事。華麗的寬袍大袖，配合優美的旋轉，雍容華

貴，別具美感，一位飄飄欲仙的仙女似乎就在眼前，真是太美了。這不禁讓我想起白居易的一句詩：「千歌萬舞不可數，就中最愛霓裳舞。」

中國的袖舞起源於古老的祭祀活動，在漢唐之後發展出兩種主要的袖舞形式，一種是婀娜多姿的纖細長袖，另一種是彰顯大氣的寬袍廣袖。戲曲中的水袖，就是由袖舞發展而來的。就這樣，長袖善舞成了中國古典舞最大的特色。可我們的舞蹈為甚麼要這樣表達呢？

地球的另一端，為了探索用腳尖跳舞的祕密，我來到了聞名世界的羅馬芭蕾舞團。這裏正在排練芭蕾舞劇《睡美人》。

芭蕾藝術孕育於文藝復興時期的意大利，是一種優雅的宮廷舞。它最重要的特徵就是用腳尖點地的方式來舞蹈，所以又稱腳尖舞。別看這些姑娘都很年輕，個個練的可都是童子功。古典芭蕾對於腳尖上的基本功要求非常高，想成為一隻美麗的小天鵝，必須經過長年累月的苦練。可為甚麼意大利人要選擇用腳尖來表現舞蹈之美呢？

夜幕之下，西安華清宮的舞台上，一場視覺盛宴正在上演。實景歌舞劇《長恨歌》演繹了唐明皇和楊貴妃的愛情故事，其中的舞蹈都是按唐樂舞的風格編排的，雍容華貴，飄逸灑脫，盡顯大唐氣象。隨着絲綢之路的繁榮，我們可以看到，唐樂舞還融合了敦煌飛天的舞姿和形象，並吸納了西域胡旋舞的風格，將舞動的長袖與旋轉的舞姿相結合，創造了全新的舞蹈方式。

中國的古典舞講究一個「圓」的動律，用長袖營造了一種無形的神韻和意境。可以說，這種舞蹈風格深受中國傳統文化中細膩圓潤、剛柔相濟的觀

念影響，無論是外形還是內在神韻，都是與中國傳統文化精神相一致的人體語言。

西方的古典舞崇尚人體美。人踮起腳尖後，拉伸了人體的延長線，重心提高，就產生了向上升騰、輕盈靈動的效果。這種優美的舞姿盡顯優雅高貴的氣質和修長的人體之美。所以，儘管芭蕾很難，但全世界的舞蹈藝術家們還是願意付出畢生的努力，只為舞台上踮起腳尖的美妙瞬間。

如果說中國古典舞用飄逸的長袖畫了一個圓，那麼，西方的芭蕾則用腳尖拉伸了人體修長的美感。袖舞與芭蕾，盡現東西方個性鮮明的舞蹈風格，為舞蹈世界貢獻了驚鴻一瞥。

《霓裳羽衣舞》

《霓裳羽衣舞》是唐代的宮廷樂舞，大約形成於公元 720 年前後，傳說由唐玄宗編曲，供道士在太清宮祭獻祈禱時使用，堪稱唐代歌舞的集大成之作。《霓裳羽衣舞》主要表現神仙在上界的生活情狀，有道教神話場景。其舞蹈、音樂以及服飾，都着力描繪虛無縹緲的仙境和舞姿婆娑的仙女形象。

芭蕾

芭蕾是一種歐洲古典舞蹈。作為一門舞台藝術，芭蕾孕育於文藝復興時期意大利盛大的宴飲娛樂活動，17 世紀形成於法國宮廷。這種舞蹈是在歐洲各地民間舞蹈的基礎上，經過幾個世紀的發展而形成的，有複雜的結構形式和特定的技巧要求。19 世紀以後，芭蕾在技巧上的一個重要特徵，是女演員表演時要穿特製的足尖舞鞋。

27　和諧的樂聲

　　一直以來，我最熱愛的就是古典音樂。來到羅馬，除了有機會在博物館裏彈奏大師演奏過的鋼琴，我還有一個願望，就是希望能夠在這裏，在交響樂的故鄉，欣賞到意大利人演奏的交響樂。但是，我想看到的不是音樂會，而是希望能夠近距離地看到他們排練。

　　古典音樂和歌劇樂隊，羅馬的一個交響樂團正在進行演出前的排練。這種嚴肅的場面，我是頭一次看見。讓我沒有想到的是，這個樂團只有十來個人，演奏的效果卻像是一個大型的交響樂團。成功的關鍵就在於這位指揮，他精準的手勢將每一件樂器完美和諧地融進了音樂裏。雖然由於語言不通，我只能跟大家打個招呼，沒有辦法做深入的交流，但是我覺得，音樂可以超越語言，只需要用心聽就足夠了。

　　自古以來，意大利人創造的交響樂，一直影響着全世界，它的魅力就在於各個樂器和諧共鳴。交響樂是科學與藝術完美融合的結晶，彷彿就是精密設計的大工程。作曲家對音符和樂器之間的搭配組合要經過嚴格的計算，整個樂隊就像一台精密的儀器，不同樂器組成不同的聲部，在指揮的統領下，用和聲達到完美的統一。

　　一場排練滿足了我的好奇心。樂隊完美的演奏，也讓我對意大利人創造的交響樂有了新的感受。和諧之聲是全人類共同追求的。

　　其實，中國人早就創造了屬於自己的交響樂。早在三千年前的周代，中國人就用笙簫鑼鼓組成了龐大的宮廷樂隊。到了唐代，宮廷鼓樂成為國家的正統音樂。它的特點是井然有序，合奏齊鳴，彰顯東方的大國風範，表達出中華禮樂文明的和諧之美。從幾千年前的周秦漢唐到今天的西安，宮廷鼓樂的樂聲從來沒有間斷。儘管它早已不是當代的主流音樂，但是，這種中國最早的交響樂卻一直在民間流傳。

　　在西安音樂學院的樂器博物館裏，有一套古老的鼓樂器。西安鼓樂有

中國古代的宮廷樂隊

一千多年歷史，唐代時已經非常成熟。可以說，西安在唐代已經有了大型的交響樂隊。在這裏，我們還看到了一個古老的樂譜。這個樂譜，現在大部分人可能都不認識，我也不認識。這是大唐時代的樂譜，上面還寫着「何家營樂器社」。

今天的西安，何家營鼓樂社依然存在。何家營的音樂已經流傳了一千三百年，那麼，它是怎樣流傳下來的呢？何家營鼓樂社社長何忠信告訴我，他們有譜子，口傳心授。那些古譜都是從唐代傳下來的。在我看來，這不只是古老的樂譜，還是古往今來的共鳴。沒想到，何家營鼓樂真是讓我大開眼界。這些地地道道的農民竟然用古老的樂器，演奏出了千年前的交響樂。這種鼓樂齊鳴的場景傳遞出了大唐盛世的景象，表達的是天地萬物和諧共生的內涵。

唐代「何家營樂器社」的樂譜

交響樂

交響樂泛指由大型管弦樂隊演奏的富於交響性的音樂作品及其演奏形式。通常所說的交響音樂包括交響曲、組曲、交響詩、序曲、協奏曲等多種體裁的樂曲。交響樂的名稱源於古希臘,在古羅馬時期演變成為器樂合奏曲和重奏曲的代稱。

西安鼓樂

西安鼓樂,也稱長安鼓樂,是流傳於西安及周邊地區的傳統音樂,源於唐代燕樂,後融入宮廷音樂,安史之亂時隨宮廷樂師的流亡而傳入民間。西安鼓樂是打擊樂與吹奏樂混合演奏的樂種,至今仍然保持着相當完整的曲目、譜式、結構、樂器及演奏形式。西安鼓樂樂器有笛、笙、管、鼓、鑼等二十餘種。

28 踏歌而行

曾經有一位意大利朋友告訴我，無論身在何處，每當他們聽到《重歸蘇蓮托》這首那不勒斯民歌，就彷彿聽到了大海的波濤。這首歌優美的旋律牽動着每一個意大利人的心。這首歌我曾經聽過很多次。讓我不解的是，意大利人為甚麼會用如此浪漫的旋律來歌唱藍色的大海呢？來到意大利南部迷人的海濱城市那不勒斯，我才真正地感受到了這首歌的意境。

那不勒斯是《重歸蘇蓮托》誕生的地方，這裏有明媚的陽光、湛藍的海洋，還有維蘇威火山。歌中所描繪的一切都是意大利人的生活。這是我第一次切身體驗意大利民歌的魅力。這裏的氛圍讓我感動，我被當地人的熱情深深地感染了。意大利人天生浪漫，性格無拘無束，載歌載舞是他們表達情感的獨特方式。三面環海的亞平寧半島，將意大利人哺育成為海洋民族。實際上，意大利最早的民歌大多是船歌。自古以來，這片港灣就是民歌的搖籃。對大海深深的眷戀，對自然的讚美，是意大利民歌永遠的主題。為了體驗船歌的魅力，我第一次坐上了出海的舢板。很快我就發現，蕩漾在碧波中縱情歌唱是一種最美的享受。那不勒斯的船歌讓我永生難忘。

相比意大利民歌的唯美、浪漫，中國大西北的民歌就像奔騰的黃河水、蒼茫的黃土高原，深沉，高亢。第一次聽到《天下黃河九十九道灣》這首陝北民歌，是在我很小的時候。今天，我要拜訪當年演唱這首民歌的陝北民歌歌王王向榮，一探陝北民歌的奧祕。

王向榮說，在陝北這塊土地上，有了人類，就應該有了民歌。黃河流域是人類最早的發祥地之一，陝北民歌的淵源也是很深的。「因為我們都在陝北這塊土地生存，所以，對於我們來講，周圍的環境有是很大的關係的。」看到黃土高坡，我感到非常震撼。這裏有我們的母親河黃河，陝北民歌就分佈在它的周圍。一方水土養一方人。在我看來，陝北民歌唱出了農耕文明的社會形態和人們對美好生活的嚮往。真摯的情感，質樸的表達，體現的其實是陝北人的性格。

今天，在西安的舞台上，陝北民歌以它特有的風貌，講述着黃土高原的故事。就像藍色的海洋孕育出意大利民歌一樣，黃土地也同樣造就了陝北民歌。東西方的民歌共同匯集成人類民歌的海洋，這就是東西方心靈的合唱。

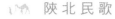 那不勒斯民歌——《重歸蘇蓮托》

《重歸蘇蓮托》是一首著名的意大利歌曲，由 G·庫爾蒂斯作詞，埃爾內斯托·庫爾蒂斯作曲。詞曲作者是兩兄弟。埃爾內斯托·庫爾蒂斯1875年出生於意大利的那不勒斯，《重歸蘇蓮托》是他的代表作之一。蘇蓮托是意大利那不勒斯海灣的一個市鎮。《重歸蘇蓮托》是橘園工人歌唱故鄉、抒發情懷的愛情歌曲。

陝北民歌

陝北地處黃土高原，是華夏文明的發祥地之一。這裏自古戰亂不斷，人口流動頻繁，因此，陝北民歌具有西北地方多民族文化融合的痕跡。陝北民歌主要分為勞動號子、信天游和小調三類。這些傳統民歌具有濃烈的方言化音調，是陝北民歌獨具特色的重要因素之一。

29 高手在民間

漫步在羅馬街頭，美輪美奐的建築、雕塑藝術，讓我留連忘返。但是，最令我沉醉的，還是熱情奔放的街頭藝人。他們身上散發出來的魅力，感染着周邊的每一個人。這裏到處都是民間藝術家的舞台，每個人都沉浸在自己的表演中。他們高超的藝術表現力，絲毫不亞於舞台上的專業演員。這種音樂文化的存在方式是羅馬的一道風景。它讓我聯想到人們常說的一句話：高手在民間。

羅馬和西安都是民間藝術的沃土。現代的西安古老又不乏時尚感，這座千年之都煥發着國際之都的魅力。跟羅馬一樣，西安的民間藝人也讓我大開眼界。在這裏，我看到了一場特別的演出。如果不是在舞台上看到他們精彩的表演，根本無法想像這些老人家會跟音樂有關。板凳、鈴鐺成了伴奏樂器，在他們的唱腔裏，我感受到了這些民間藝人對這塊土地濃烈的感情。他們唱的是甚麼？這種表演方式又是從哪裏來的呢？

華陰老腔傳承人張喜民告訴我，他們的演出在西安比較多一點，內地的各個省份，他們基本上都去過了。2000 年以後，他們還去了澳大利亞、新加坡，還去了台灣、香港和澳門。這個樂隊裏面沒有年輕人，年齡最小的 65 歲，但是他們的演奏和演唱都是非常有力量的。

羅馬街頭藝術

西安街頭藝術

巍峨險峻的西嶽華山是中華文明的發祥地之一，它的腳下就是華陰縣。華陰縣雙泉村是老腔的發源地。第一次踏上這片土地，我就感受到了這裏的豪邁和厚重。這也讓我對誕生在這裏的老腔越發感到好奇。

　　原來，這些老藝人都是種田的農民。他們淳樸的表演就來源於這片土地。這些老藝人們並不識譜，他們的技藝來自一代代的口傳心授。在陝西民間，這種技藝已經流傳了上千年。

　　老腔藝人們的舞台，其實是流傳了兩千多年的皮影戲。現在我才發現，原來，老腔的唱腔和我看到的皮影戲裏的唱腔是一模一樣的。在漫長的歲月裏，在民間社會，皮影戲就像現在的電影一樣，很受人們歡迎。歷史故事被皮影藝人們描繪得惟妙惟肖，而老腔藝人就在幕後，用各種方法，繪聲繪色地製造效果。戲曲裏的唱唸做打變成了華陰老腔講述故事的特殊手法。

　　今天，從幕後走到前台的老腔，被人們稱為黃土地上的搖滾。這些來自民間的藝術家們，用他們高超的技藝，讓人們看到了一個不一樣的世界。

皮影戲

華陰老腔起源於明末清初，主要流行於陝西省華陰市，原本為華陰雙泉村張家戶族的家族戲。老腔是流傳範圍很小的一個戲曲劇種，以皮影戲的形式進行演出。唱戲人在後台表演時為皮影戲，在前台吼唱就是老腔。華陰老腔聲腔高亢，隨興豪邁，追求自在酣暢的感覺，因此，這種表演也被稱為黃土高坡上最早的搖滾。

30　尋找《圖蘭朵》

《茉莉花》這首民歌在中國家喻戶曉。一百年前，意大利作曲家普契尼根據這首中國民歌，創作了一部堪稱世紀經典的歌劇《圖蘭朵》。從此，《茉莉花》被唱響全球，經久不衰。

普契尼是 20 世紀最偉大的作曲家之一，他的代表作《圖蘭朵》不僅深受西方觀眾的喜愛，對於中國觀眾來說，也是耳熟能詳。一直以來，我對普契尼的故事非常好奇。這位作曲家一生從未來過中國，卻為甚麼用歌劇給全世界講了一個中國的故事呢？

為了解開這個謎，我來到了普契尼的故鄉盧卡。這座只有八萬人的小城，每年卻有八十萬人來到這裏，像我一樣探訪偶像。盧卡市市長亞歷山德羅‧坦柏利尼說：「普契尼是盧卡輝煌歷史上最重要的元素，所以，他也是我們城市的一張名片。」在普契尼的故居，我不僅看到了他的手稿，也看到了 1926 年《圖蘭朵》首演時公主穿的戲服。這件充滿着濃郁中國情調的拖地長裙，在近百年後的今天看來，也是一件精緻的藝術品。

1926 年《圖蘭朵》首演時公主穿的戲服

2005 年 5 月 28 日晚，由張藝謀導演的歌劇《圖蘭朵》在法國巴黎法蘭西體育場上演。

讓我疑惑的是，普契尼一生的大部分時間都生活在這座小城。近百年前，萬里之遙的中國民歌《茉莉花》，究竟怎樣走進了他的世界呢？在普契尼的出生地，我找到了一個讓人意想不到的答案。

　　一天，一位從中國歸來的朋友送給普契尼一個音樂盒。第一次聽到《茉莉花》的旋律，普契尼立刻對神祕的中國產生了濃厚的興趣。正是這段優美的中國旋律，催生了一部偉大歌劇的誕生。雖然普契尼從未到過中國，但是，法國作家德拉克洛瓦筆下的《一千零一日》中的東方故事，開啟了他對古老中國的無限遐想。於是，故事裏的中國公主圖蘭朵，變成了歌劇中的主人公，《茉莉花》也成為歌劇的主旋律。根據《茉莉花》改編的曲調，在整部歌劇中反覆出現了五次，將故事逐漸推向高潮。在普契尼想像的這個中國故事裏，一位前來求婚的異國王子，愛上了高傲的公主圖蘭朵。最終，王子衝破重重險阻，用智慧和愛贏得了公主的心。

　　盧卡市政百合劇院這座有着兩百多年歷史的歌劇院，曾經是普契尼的第二個家。當年，普契尼總是在這個看台上觀看他的歌劇排練。遺憾的是，就在這部傾注了普契尼畢生心血的《圖蘭朵》即將完成之際，他卻因病去世了。普契尼最終並沒有看到《圖蘭朵》的上演，但是，他曠世的音樂才華，用一首中國的《茉莉花》成就了中國和意大利的音樂傳奇。而劇中的詠歎調《今夜無人入睡》也被全世界的歌唱家奉為經典，久唱不衰。

　　如今，歌劇《圖蘭朵》中《茉莉花》的旋律在中國也已經深入人心。每當我唱起這首歌，就會想起這段令人難忘的意大利音樂之旅。

《圖蘭朵》

歌劇《圖蘭朵》是意大利作曲家普契尼根據童話劇改編的三幕歌劇，創作於 1924 年，是普契尼一生中最後一部作品。《圖蘭朵》講述的是中國元代的一位公主圖蘭朵復仇的故事。作品帶有神祕的東方元素，音樂優美，情節跌宕起伏，舞台表演也非常有儀式感。在這部歌劇中，普契尼採用了中國民歌《茉莉花》的旋律作為音樂主題，使得作品充滿異國情調，具有強烈的震撼力。

《茉莉花》

《茉莉花》是一首著名的中國民歌，最早的曲譜見於清代道光年間。《茉莉花》很早就流傳到了海外。18 世紀末，英國人約翰·巴羅記錄了《茉莉花》的歌詞和樂譜，使得這首歌在西方得以傳唱。如今，《茉莉花》已經成為中國文化的代表元素之一。

CHANG'AN
MEETS
ROME

絲路商貿

何茂春，清華大學社科學院國際關係學系
教授、清華大學經濟外交研究中心主任、
博士生導師、國務院參事，曾參加錄製
CCTV-1 綜合頻道《開講啦》，著有《中國
外交通史》《中國入世承諾要點及政策法規
調整》等著作。

講述人　何茂春

31 溝通中西的千年傳奇

當東方的第一縷曙光照亮古都長安的時候，西方的羅馬正長夜未央。這兩座人類歷史上最耀眼的東西方文明之城，遠隔半個地球，相距萬水千山。但不知從何時起，他們各自的歷史中總能發現來自對方的蛛絲馬跡。在羅馬人身上，我們能看到來自長安的絲綢，而在長安人的生活中，也能發現來自羅馬的玻璃。這冥冥之中的聯繫，總是讓我們無比好奇。究竟是甚麼樣的力量，驅使着它們跨越距離的鴻溝，衝破時間的間隔，去實現彼此的相遇？

西安大唐西市博物館。「萬里之行，始於足下」。當先祖們那一顆探索世界的心開始萌動的時候，他們的第一步就是從這裏邁出去的。這裏是絲綢之路的起點，今天我們在這裏的地面上還能夠看到非常深的溝槽，這就是當年留下來的車轍的印跡。

這條路，張騫走了 18 年，班超[1]、甘英[2] 走了 31 年。以長安為原點，跨越中亞、西亞、中東、南歐，直抵地中海，他們朝着心中所期盼的目的地不斷地前行，那就是傳說中西方世界的中心——羅馬。

1　班超（32 年—102 年），東漢（25 年—220 年）時期著名軍事家、外交家。公元 73 年，班超奉命出使西域，在 31 年的時間裏，收復了西域五十多個國家，為西域的回歸做出了巨大貢獻。

2　甘英為班超的屬吏，隨班超轉戰於西域。公元 97 年，甘英受遣使大秦（羅馬帝國），至條支國西海（今波斯灣）受阻返回。甘英為漢代最早到此地的使者。

意大利奧斯蒂亞港口是歐亞兩大文明的交匯地，也是陸上絲綢之路和海上絲綢之路的一個交匯地。從西方出發，以馬可·波羅為代表的一代代探險者們，也同東方的使者們一樣，滿懷憧憬，前赴後繼，向着心中的彼岸而來。

我用了 13 年的時間，走完了絲綢之路的六條走廊和海上絲綢之路。哪怕是在今天，這條橫跨歐亞的路仍然是滿佈艱難險阻的。

幾千年來，好奇心驅使着人們去探索這條溝通東西的道路。但是，當道路已經打通，未知變成了已知，在這條難於上青天的路上，人們跋涉的腳步卻從未停止。在這背後，驅使人們前行的究竟是甚麼樣的力量呢？越是在平凡之處，這種力量就越能顯現出它深刻的影響。它是延續了千年的傳奇，而且它就掌握在我們每一個人的手中。

我們熟悉的番茄，從名字就可以知道它來自國外。現在我們說的黃瓜，也曾被稱為胡瓜。今天常見的這些蔬菜，看來看去都不是原產於中國的，那麼中國原產的蔬菜在哪裏呢？我們可以看看蘿蔔、白菜，這些都是原產於中國的蔬菜。可以想像，如果沒有那麼多豐富的外來食品，我們的食物將會多麼寡淡。

意大利的土壤和氣候特別適合生產水果，比如說哈密瓜，還有西瓜，可是，這些水果並不是原產於意大利的。原產於意大利的水果可能是葡萄，所

以，在沒有絲綢之路之前，不管是東方還是西方，人們的食物都是非常單調的。試想，當我們的祖先第一次看到黃瓜、番茄的時候，如果從來沒有人去買，那麼這些食物就根本不會出現在我們當今的生活中。沒錯，那個小到改變了我們餐桌的菜品，大到改變了世界的模樣，讓長安和羅馬緊緊相連的，就是我們每個人在一買一賣之中所發揮出的商業的巨大力量。

正是商業為東方帶來了棉花土豆，讓古人嚴冬足以禦寒，旱澇皆可保收；正是商業為西方送去了造紙印刷，讓科學穿越中世紀的戰火而重生，開枝散葉般地傳播至今；也正是商業將絲路編織成了一張包羅萬象的巨大網絡，讓世界不斷地互聯互通，讓文明不斷地互鑒交融。

從長安到羅馬，東來西往的古代貿易，永遠藏着太多的祕密。長安的絲綢為何在羅馬貴比黃金？羅馬的金幣來到長安又當如何使用？眾多不為人知的細節，都能在這兩座古城中找到線索。現在，它們將在我的探索中再次相遇。圍繞着千百年來的商貿故事，讓我們來一同聆聽長安和羅馬講述它們之間的永恆傳奇。

敦煌莫高窟壁畫《張騫出使西域圖》

張騫（？—公元前114年）是中國漢代的外交家、探險家，也是絲綢之路的開拓者。建元二年（公元前139年），張騫奉漢武帝之命，率領一百多名隨行人員，由長安出發，由匈奴人做嚮導，出使西域，歷時13年，打通了漢王朝通往西域的南北道路。這條路就是後來赫赫有名的絲綢之路。元狩四年（公元前119年），張騫率隨員第二次出使西域。張騫兩次出使西域，增進了漢王朝對西域各國的了解，建立了漢王朝與西域友好的政治與商貿關係。

32 探祕天蟲

　　每次來到羅馬，我都倍感親切，因為這裏隨處都可以見到精美的絲綢。但是兩千多年前，同樣生活在這裏的羅馬人，穿的卻是粗糙的麻布。當他們第一次見到華麗、柔軟、飄逸的中國絲綢時，震驚不已。他們紛紛猜想，這種紡織品的原料究竟是甚麼呢？當時流行着一種奇特的說法，因為神奇的東方天氣炎熱，樹上長出了羊毛，絲綢就是用樹上的羊毛織成的。然而他們做夢也沒有想到，創造這一切的，居然是一條小小的蟲子。

　　陝西歷史博物館就收藏着這樣一隻改變世界的蟲子。這裏的一隻鎏金銅蠶，恐怕是博物館中最小的文物了，還不及我的小拇指大，但它在人類文明

史上卻有着舉足輕重的地位。這是絲綢之路歷史上頂尖級的寶物。這隻金蠶出自漢代，據推斷是當時朝廷賞賜給養蠶大戶的獎品。

絲綢之路最大的貢獻者莫過於絲綢。由於蠶給人們帶來了非常精美的絲綢，所以古人把牠奉為「天蟲」。我一直在琢磨，這隻小小的天蟲是如何改變世界的呢？

蠶曾經是中國獨有的物種，原產自黃河和長江流域。在絲綢之路開通之前，全世界除了中國以外，誰都不知道牠的存在。中國人養蠶的歷史，可以追溯到上古時代。相傳，黃帝之妻嫘祖發現了天蟲的祕密。

蠶是一種非常神奇的動物，短暫的一生要經歷數次蛻變。它最神奇的能力就是吐絲。其實自然界中有很多物種也可以吐絲，比如蜘蛛，但蜘蛛並不適合人工馴養。而性情溫順的蠶，只需要以桑葉為食，就能夠吐出蠶絲，於是逐漸被人工馴化成了家養的物種。一隻家蠶的吐絲長度可達兩三千米。春蠶吐絲，是一個神奇的過程，被稱為「作繭自縛」。

蠶絲是自然界中最輕最細的天然纖維，韌性極佳，是天然紡織原料當中的極品。那麼，蠶絲究竟是如何幻化成絲綢的呢？我們的祖先早就給出了答案。

絲綢是中華民族發明的，至少有幾千年的歷史，比文字的歷史還要早。在商代的甲骨文中，已經出現了「桑蠶絲帛」等字樣，這說明，三千多年前，古人種桑養蠶、抽絲編絹的技術已經很成熟了。其中繅絲是最關鍵的工序。

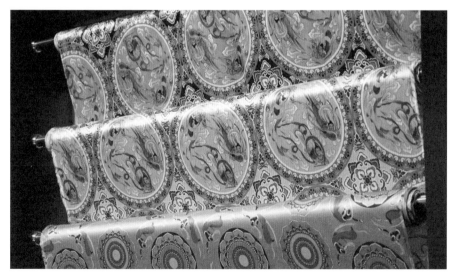

古人發現，用熱水將蠶繭煮到膨脹，繭和絲會逐漸剝離，這樣就可以抽絲。蠶絲非常細，所以要將幾縷合成一股絲線。整理好的生絲，再經過織造、染整等複雜的工序，光鮮亮麗、精美絕倫的絲綢就誕生了。

華美的絲綢是中國的第一張名片，西方人因此而知曉了一個神祕的東方國度。儘管他們不知道天蟲的祕密，但他們將這個國度命名為「賽里斯」，意思就是「產絲之國」，這也是西方世界對中國最早的稱呼。

神奇的「天蟲」就像是上天賜給人類的一件禮物。我們的祖先用天蟲的生命精華，織就出了一張聯通東西方文明的互聯網。小小的「天蟲」，不僅改寫了人類服飾的歷史，也讓西方認識了中國，還掀起了一場席捲全球的商業颶風。

鎏金銅蠶

鎏金銅蠶是漢代銅器，1984 年出土於陝西石泉縣前池河。銅蠶高 5.6 厘米，腹圍 1.9 厘米，全身首尾共計九個腹節，蠶體飽滿完整，體態為仰頭或吐絲狀，製作精緻，造型逼真。石泉縣自古養蠶業就很興盛。鎏金銅蠶的出土，將這裏養蠶的歷史推到了漢代。漢代的絲織品已經行銷中亞和歐洲。這件鎏金銅蠶，可以說是絲綢之路經濟文化交流的標誌，集中體現了中國古代養蠶繅絲技術的成就以及絲織品貿易的重要地位。

嫘祖

嫘祖，中國遠古時期人物。為西陵氏之女，軒轅黃帝的元妃。她發明了種桑養蠶之法，抽絲編絹之術，史稱「嫘祖始蠶」。

33 古羅馬的奢侈品

羅馬，絲綢之路的終點，也可以說是絲綢的第二故鄉。我走進了一家大型的絲綢批發市場，想親身體驗一下絲綢對羅馬的影響。這裏的絲綢種類豐富，據說意大利知名的服飾品牌都在這裏批發衣料。可見，直到今天，古老的絲綢仍然是羅馬時尚圈裏的寵兒。這些如今已經司空見慣、價格親民的絲綢，在古羅馬時代可是貴比黃金的奢侈品。那麼，絲綢在古羅馬為甚麼如此昂貴，它又掀起過怎樣的風潮呢？

1963 年，由伊莉莎白·泰勒主演的影片《埃及豔后》上映。電影中，泰勒換了 65 套戲服，其中有許多件絲綢長裙。這些裙裝襯托着女王的高貴和美豔。在真實的歷史中，這位傳奇的埃及女王，還有古羅馬的獨裁官凱撒，都是中國絲綢最早的追捧者。有了這兩位重量級的形象大使，絲綢迅速地風靡了整個歐洲。

看羅馬圖拉真市場遺址的規模，當時這裏應當是大型的百貨商場，不知道在這裏的一間間商鋪中，能不能發現一些關於絲綢的蛛絲馬跡。

一些殘缺的羅馬雕塑上，服飾的褶皺很細膩，說不定就是絲綢面料做的。那些人會是當年的時裝模特嗎？在很多古羅馬的壁畫和神像上，我也發現了絲綢的痕跡。神穿的衣服，面料當然要金貴。據記載，當時在羅馬，一磅絲

綢能賣到 12 兩黃金，而一磅的重量還不到現在的 500 克，也就是說，當時的絲綢比黃金還要貴。那麼，為甚麼絲綢在古羅馬會如此昂貴呢？它在長安又是甚麼價格呢？

在杭州的中國絲綢博物館裏，我們還能看到千年之前的絲綢文物。當時發達的紡織業，使絲綢在長安的價格一直相對合理。漢代時，在長安城裏買一匹絲綢，400 文銅錢就夠了，還不到一兩白銀，而到了羅馬，這個價格就翻了近百倍。這個巨大的差價究竟是怎麼產生的呢？在西安的大唐西市博物館，一面有趣的牆為我揭開了這個祕密。

絲綢賣到歐洲，價格為甚麼會那麼貴呢？這是因為漫長的距離，還有中間商人。在博物館的雕像牆上，我們可以看到來自中亞、西亞的很多民族，包括粟特人、大月氏人、波斯人、阿拉伯人、突厥人、猶太人。這些胡商精通商業規矩，也精通討價還價，他們的生意，就是賺取中間的差價。

與我們想像的不同，古絲綢之路上的商人並不是沿着這條路從頭走到尾的，而是各走一段，中轉倒賣。這條萬里之遙的路，讓這些國際「倒爺」們賺了個盆滿鉢滿。在長安一兩白銀一匹的絲綢，經過了各國在中間層層加價，

運到羅馬之後，羅馬帝國還要加收各種關稅，這就是絲綢變黃金的過程，這也是絲綢讓絲綢之路沿線各國共同富裕的過程。

不過，古羅馬人對絲綢的瘋狂迷戀和過度消費，也導致了黃金的大量流失。據古羅馬學者普林尼統計，當時的羅馬帝國每年要付出五噸以上的黃金，從中國等地區進口絲綢等商品。在這樣的社會背景下，古羅馬元老院曾數次頒佈禁止穿着絲綢服裝的法令，結果卻屢禁不止。這就迫使羅馬帝國必須做兩件事：一是尋求中國絲綢的定價權，二是確保絲綢的穩定供應。

絲綢以它無與倫比的魅力，一直是絲綢之路上最搶手的商品，因此，從長安到羅馬之間的這條商路，才以「絲綢」命名。

🐫 絲綢

絲綢是用蠶絲或其他纖維織成的紡織品的總稱。在古代，絲綢主要是
指用桑蠶絲織造的紡織品，因其華貴與舒適而備受青睞。在中國上古
神話傳說中，黃帝的妻子嫘祖發明了養蠶取絲。根據考古學的發現與
推測，在距今五六千年前的新石器時期中期，中國人就已經開始養蠶、
取絲、織綢。在古代，絲織技術曾被中國壟斷數百年。從西漢起，中
國的絲綢就不斷地運往國外，從中國前往西方的通道，也由此被稱為
「絲綢之路」。

34　傳絲之旅

　　他是長安最有名的人物之一，一千三百多年前，他風雨兼程，沿着絲綢之路一直向西，去印度求取佛經。這個人就是唐僧。後人根據他的故事，著述了聞名世界的名著《西遊記》，但真實的《西遊記》是由他自己撰寫的。

　　在西北政法大學圖書館，我查閱了唐代玄奘法師著述的那本真實的西遊記——《大唐西域記》。書中記載說，玄奘在西行的路上，走到了一個名為瞿薩旦那國的地方。在這個西域小國，他無意間發現了蠶種西傳的祕密。玄奘到了西域以後，發現當地有一個國家有絲綢，而且它的生產技術跟中國一樣。玄奘問當地人，桑樹的種子和蠶卵是怎麼帶到這個國家的，當地人說，有一個中國公主遠嫁西域，然後，她把種子和桑種藏在了某個地方，把它們帶過去了。

　　書中記載的瞿薩旦那國，又名于闐，也就是今天的新疆和田一帶。關於這個故事的準確性，英國探險家斯坦因 1900 年在和田考古時，尋找到了一件珍貴的物證。在和田發現的一塊木版畫，被公認為是蠶種

西傳的最有力的證據。畫面中間,尊貴公主頭戴華麗的桂冠,她左側的侍女手指公主的頭飾,暗示出頭飾裏面隱藏着重大的祕密。旁邊裝滿蠶繭的籃子和身後兩位忙碌的織工,生動地向人們訴說了這段有趣的歷史。這幅版畫印證了《大唐西域記》中的記載。書中描述,東國公主在兩國和親出嫁時,把蠶種藏在帽冠裏,帶入西域。此後,養蠶織綢的技術就在西域傳開了,這就是歷史上著名的傳絲公主的故事。

真實的《西遊記》為我們揭開了一段傳奇的歷史。絲綢之路開通後,隨着頻繁的商貿往來,各國優秀先進的文化和技術也在不斷地互學互鑒,但絲綢的最大消費國羅馬,卻遲遲沒能掌握養蠶織綢的技術,這其中有怎樣的原因呢?

在西安的陝西歷史博物館,可以看到一千多年前唐代時的絲綢殘片,儘管當時絲綢工藝已經外傳,但中國製造的絲綢仍然是絲綢之路上的王牌商品。

紡織業是唐代的支柱產業之一,從種桑、採桑、到抽絲,一直到織造和印染,形成了一個完整的產業鏈,所以,絲綢在唐代的成本是很低的。因此,在進出口貿易當中,唐王朝的絲綢具有不可替代的優勢。

成熟的絲織產業鏈使大唐的絲綢物美價廉,一直在國際貿易中佔有不可撼動的貨源地位。在長安與羅馬之間,波斯帝國的地理位置正好橫在中間。作為東西方貿易中最賺錢的中間商,他們為保護自己的代理權,嚴守絲綢織造技術的祕密,並想方設法阻止兩國直接做生意,由此引發了羅馬帝國與波斯帝國的多次戰爭。直到公元 6 世紀,東羅馬帝國才最終擺脫了波斯的阻礙,在幾位印度僧侶的幫助之下,從中國帶回了蠶卵。從此,東羅馬帝國終於能夠自產絲綢了。

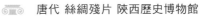

工業革命後，意大利成為歐洲絲綢工業的中心，並逐漸發展成為世界上絲綢織造技術最為先進的國家。

在今天的西安，一場特別的時裝秀向人們展現着穿越古今、連接東西的傳絲之旅。雖然絲綢的織造技術在周遊世界的旅途中歷經千辛萬苦，但最終還是如荀子在《蠶賦》中所說，「屢化如神，功被天下」。

唐代 絲綢殘片 陝西歷史博物館

玄奘

玄奘（602年—664年）是唐代著名高僧，後世俗稱「唐僧」。玄奘本名陳褘，10歲出家。貞觀三年（629年），玄奘西行五萬里，赴天竺探究佛教學說，後遊學天竺各地，前後17年。歸來後，長期從事佛經翻譯工作，並與弟子共同完成12卷《大唐西域記》，記錄了玄奘從長安出發西行遊歷西域的所見所聞以及西遊國家的山川、物產與習俗。

傳絲公主

20世紀初，英國探險家斯坦因在中國新疆境內考古時，在和田地區發現了一塊「傳絲公主」畫版。畫版上面有一個頭戴王冠的公主，旁邊的一個侍女手指公主的帽子，似乎在暗示帽子裏隱藏的祕密。據玄奘的《大唐西域記》記載，這位唐代公主應當是將養蠶技術介紹到西域的第一個人。唐代嚴禁蠶種出口，據說公主出嫁時，把蠶種藏在帽子裏帶了出去。這個傳說由來已久，斯坦因發現的傳絲公主畫版，與玄奘的記載恰好不謀而合。

《搗練圖》

宋徽宗摹唐代張萱《搗練圖》，現藏於美國波士頓美術博物館。此圖表現貴族婦女搗練縫衣的工作場面。「練」是一種絲織品，剛剛織成時質地堅硬，必須經過沸煮、漂白，再用杵搗，才能變得柔軟潔白。

35 買賣東西

自古以來，我們購物時都會說買東西，為甚麼不說買南北呢？來到西安，我聽到一種說法，「東西」一詞的由來就藏在這座長安城裏。

唐代的長安城有東西兩座大型市場，人們購物要麼去東市，要麼去西市，久而久之，原本代表方位的「東西」就變成了貨物的代名詞。

在今天西安城的勞動南路一帶，人們還能看到一千多年前的大唐西市遺址。這裏曾經是世界上最大的國際貿易中心。如今，這裏被定為絲綢之路的起點。

西市十字街北側有一座石板橋的遺址。這個橋見證了當時大唐西市的繁華，今天在這裏還可以看到當年留下來的車轍印跡。這裏曾經挖掘出了很多文物，有秤，算珠，還有各個國家的古錢幣，數量非常多，可見當時的交易量是非常可觀的，難怪西市又被稱為金市。這個號稱全球最大

的市場到底有多大呢？據記載，西市當時佔地約 107 公頃，相當於一百三十多個足球場的大小，固定商鋪就有四萬多家，這還沒有算上那些擺小攤兒的。隨便哪條小街都有三四百家店，大到賣牲口的馬行，小到賣香料的小店，還有文人最愛光顧的酒肆、茶館等。據說市場內有二百多個行當，包括賣絲綢的大絹行，賣糧食的米麵行，還有珠寶、瓷器、書店、藥鋪等。有人說，在這裏賣粥都能發財，因為它太繁華了。

西市比東市更靠近出入外國客商的開遠門，所以吸引着眾多外商來淘金。這裏胡風洋貨盛行，國際貿易十分興隆。在這裏，幾乎可以買到來自全世界的商品。西市是當時世界上最繁華的地方之一，外國人把他們的皮草、珠寶、香料等特產帶到中國，在中國購買絲綢、瓷器、茶葉等等。這是當時世界重要的商品批發地、集散地，也是一個大的物流中心。

地球的另一端，羅馬的西市在哪裏呢？

羅馬城依台伯河而建，河水向南奔流 50 公里後入地中海。河流的入海口是羅馬輸入和輸出物資的重要大門，也是絲綢之路的西方終點站。這裏有一座專門為軍事和貿易而興建的奧斯蒂亞城。在古城的遺跡中，我們發現了當年海濱市場的遺址。這個市場建在城中大劇院的對面，處在絕對的黃金地段，方形的迴廊依次建成比鄰的商鋪，一家挨着一家，非常密集。現在，這裏只保存下來一些基礎的遺址，不過還好，我們可以用電腦合成技術復原當時的場景。

在這些商鋪前方的地面上，今天依然能夠清晰地看到每家商鋪用馬賽克製作的各式各樣的圖案，這應當算是世界上最早的商業廣告了。這裏還可以

看到一個著名的萬字符號。這個萬字符號來自於印度教。當時這裏可能有很多香料從印度那邊轉運過來，而印度地區作為羅馬與中國中介的地方，也有很多商船從廣東南部到達印度，然後再把貨物從印度轉運到這裏來。

　　圍着這些商鋪兜兜轉轉，我發現，當年鼎盛興隆的市場如今已成斷壁殘垣。歷史明明近在眼前，繁華卻遠在天邊。難道千年前的商業繁榮已經黯然落幕了嗎？我帶着思慮再次走進西安和羅馬這兩座古城的街巷之中，濃濃的商業氣息總是撲面而來。吆喝叫賣，車水馬龍，千百年來，似乎一切都在變，一切也都沒變，這或許就是商業文明帶來的生生不息。

馬賽克拼成的「廣告」

🐫 大唐西市

唐代的商業文化非常發達。當時的長安城，有東西兩大市場。東市是國內市場，西市是國際市場。西市位於長安城西南，始建於隋，興盛於唐。市場佔地 1600 畝，建築面積一百多萬平方米，是當時規模最大的國際貿易市場。

🐫 奧斯蒂亞古城

奧斯蒂亞位於台伯河的入海口，曾經是古羅馬重要的軍事和貿易中心。公元前 7 世紀，羅馬在這裏設立前哨站，公元前 350 年左右建起城堡，駐紮軍隊，這裏也逐漸形成一個城鎮。公元 4 世紀後，羅馬帝國沒落。公元 5 世紀，居住在奧斯蒂亞的人由於異族入侵及瘧疾爆發而舉城遷徙，奧斯蒂亞由此開始衰落。後來，整座城市被河流的淤泥掩埋。如今，奧斯蒂亞成為僅次於龐貝的保存完好的古羅馬城鎮遺址。

36 管理的智慧

西市有一面大鼓，這個鼓是幹甚麼用的呢？原來這叫開市鼓。每天正午，伴隨着三百聲渾厚的鼓音，大唐西市正式開門營業。頓時，這裏喧囂聲四起。平民小販，中外客商，魚龍混雜，熙熙攘攘。在商貿繁榮的背後，我一直在研究，究竟是甚麼樣的制度，才能將如此大規模的市場管理得井井有條呢？

唐代對市場的管理首先是統攝在城市管理之中的。長安城看起來就是一個四四方方的大盒子，非常整齊美觀。在整體的城市設計當中，長安城內的市場是被單獨規劃出來的，東西市場對稱分佈，而且實行嚴格的居民區和商務區分離的政策。除了東西兩個市場外，城裏其他任何地方都不能做生意，所有買賣必須入市交易。這既保證了市場集中有序管理，又維護了城市的整潔和規範。西市的佈局也是一樣規整，長方形的市場用「井」字形的街道劃分成九宮格，各行各業分類清晰，雜而不亂，這就是井井有條，井然有序。

在完備的硬體設施基礎上，設置完善的工商管理機構更為關鍵。唐代在太府寺下面設有三個署

衙，第一個是西市署，第二是平準署，第三是常平署。西市署管理整個市場，這是地方行政機構，除了市場，也管人。平準署是負責管理市場秩序的，相當於工商管理機構。常平署負責管理倉儲運輸，是古代的物流管理機構。西市這些管理市場的職能部門直接隸屬中央，這些官員都相當於國家公務員，而且，據說當時的市場管理制度是上升到國家法律層面的，不守市場規矩就是犯法。

為了查閱當時市場管理的相關法律，我特意來到西北政法大學，翻閱了古本《唐律疏議》。沒想到，這部大唐的律法當中，關於商貿管理的法律條款竟然制定得如此翔實。按照當時的規定，缺斤短兩，品質達不到標準，哄抬物價，欺行霸市，這些都要受到懲處。造假幣，偽造文書，偽造通牒，要受到更加嚴厲的制裁。目前我能看到的最低處罰，也是要打六十棍杖。這六十杖打下去的話，可是會要命的。

嚴格的市場管理制度，保障了大唐西市長久的繁榮與穩定。誠信規範的經營，使西市在國際上獲得了良好的口碑，吸引了更多的外國客商。可以說，依法治市是唐代經濟發達、商貿空前繁榮的制勝法寶。

羅馬至今保存着世界上最早的購物中心。圖拉真市場修建於公元 100 年至公元 110 年間，已經快兩千歲了。走近這座豪華古老的大賣場，似乎還能感受到古羅馬的商業盛況。

與大唐西市由國家機構管理的方式不同，古羅馬的商業多半是由同業行會來管理的。所謂同業行會，就是由同一行業的個體工商業者組織而成的社會團體，負責本行業的所有內部事務，解決矛盾糾紛，防止惡性競爭，履行

國家工商管理法規。這種互助自治的政策使得古羅馬的商業顯得更為自由靈活。當然，重要的民生商品，比如鹽、橄欖油、葡萄酒、煙草等等，都必須由國家指定的部門或者商戶專賣銷售，而且價格由國家宏觀調控。在古羅馬法中，有一條經濟重罪叫「妨礙糧食供應」罪，如果有人哄抬物價、囤積倒賣糧食，可能會被判處死刑。

沒有規矩，不成方圓。從商貿管理的制度而言，無論是長安的規範嚴格，還是羅馬的自由靈活，都體現了古人的商業智慧。正是這些各具特色的商業智慧，成就了東西兩大商業帝國。直到今天，這些制度仍然熠熠生輝，照亮着人類商業文明前行的腳步。

「諸造器用之物及絹布之屬，有行濫短狹而賣者，各杖六十。」
「諸市司評物價不平者，計其所貴賤坐贓論，入己者以盜論。」
「諸私鑄錢者，流三千里。」
「諸以毒藥藥人及賣者，絞。」

—— 《唐律疏議》

《唐律疏議》

《唐律疏議》又名《永徽律疏》，是唐高宗永徽年間完成的一部法典，也是研究唐代歷史以及東亞古代法制的重要著作。《唐律疏議》是唐代刑律及其疏注的合編，總結了漢魏晉以來立法和注律的經驗，是中國現存最古老、最完整的封建刑事法典，共 30 卷。

圖拉真市場

圖拉真市場位於意大利羅馬城內，是古羅馬重要的文化遺跡，修建於公元 100 年至公元 110 年間。圖拉真市場被認為是世界上最古老的集市。它是一座半圓形的三層建築，可以容納數百家商店，販賣的商品從油和蔬菜到鮮花、絲綢和香料，應有盡有。這棟建築折射出羅馬帝國普通人的生活狀態。直到 20 世紀初，這裏依然是羅馬人城市生活的中心。

37　不同的錢

如果可以穿越回唐代，酷愛旅行的我一定會把繁華的長安城轉個遍。當然，大唐西市是必去的購物聖地，買些本土特產的絲綢瓷器，買些羅馬進口的琉璃瑪瑙。但是，先別急着買，掃貨前還有一件重要的事情要辦，那就是換錢。

大唐西市就像長安城的 CBD，是當時全世界最大的國際貿易中心，沿着絲綢之路而來的各國客商，在這裏留下了各式各樣的古錢幣。如今的博物館裏，可以見到兩千多年前罽賓國的方形銀質貨幣，古印度孔雀王朝的銀幣，大月氏貴霜帝國的貨幣，還有東羅馬帝國的拜占庭金幣。

錢幣是古代貿易當中的一個重要媒介，也是一種特殊的商品。絲綢之路沿線的各個國家都有自己的貨幣，這些貨幣反映了當時東西方貿易的盛況。這些千年前的古錢幣如今都是珍寶，但它們在當時的長安城統統不能用，必須換成大唐通用的貨幣才能交易。外商來到長安，先得換中國的錢，也就是唐代的開元通寶銅錢。

唐初為了統一幣制，唐高祖下令開鑄「開元通寶」。「開元通寶」是唐代的第一種貨幣，也是唐代 290 年歷史中主要的流通貨幣，它影響了中國一千多年的錢幣形制，在中國錢幣史上有着劃時代的意義。

　　開元通寶是銅製的貨幣，而西方國家使用的多數是金銀幣，那麼，當時西方的商人們用錢袋子裝滿金銀幣來到長安以後，要怎麼兌換一串串的大唐銅錢呢？

　　在古代貿易中，「貿」和「易」是不一樣的。「易」是以貨易貨，而「貿」是拿錢來交易的。那時候，商人來到這裏，要通過當時的櫃坊，還有其他公信力比較高的機構來兌換錢幣。櫃坊可以說是唐代的銀行。當時兌換的匯率一直比較穩定，一個開元通寶為一文錢，一千文錢串在一起，稱為「一貫」，一貫銅錢能兌換一兩白銀，十貫可以兌換一兩黃金。當時一貫銅板的重量是六斤四兩，如果真是腰纏萬貫來做生意，那可真的受不了。所以，櫃坊最主要的業務還是存款。如果商人想到外地進貨，櫃坊和一些信貸機構還會提供飛錢業務。飛錢相當於現在的匯票。商人出發前，把錢幣存入政府指定的金

融機構，取得飛錢的憑證，就可以憑着手上的飛錢直接到異地提貨。這些金融機構的出現和業務的創新，是唐代商業空前繁榮的重要標誌。

當然，當時的飛錢還「飛」不到羅馬，如果在古羅馬消費，開元通寶估計是不能用了。那麼，如果我穿越回到古羅馬，又該怎麼換錢呢？其實很簡單，只要有絲綢，就可以直接換來羅馬的金幣了。絲綢在古代絕不僅僅是商品，還一直是絲綢之路上各國通用的貨幣。絲綢自發明以後，就開始承擔貨幣的功能，是世界上最古老的貨幣之一。它不僅比金屬貨幣輕盈，還可以隨時成為衣料和商品，而且獲得了東西方共同的價值認同，所以在國際貿易當中一直扮演着通貨的角色。

那麼，當時絲綢的兌換行情怎麼樣呢？據資料顯示，當時一匹絲綢相當於 460 文銅錢，9 匹絲綢就能買到一匹西域好馬，30 匹絲綢可以換一頭波斯駱駝。而到了羅馬，絲綢更是與黃金等價，只能用金幣來換。可能有人會問，為甚麼長安以銅幣為主，羅馬卻多用金幣呢？主要原因還是唐代商業發達，錢幣流量比較大，所以人們才會選擇成本比較低的銅質貨幣進行流通。

不論甚麼材質的貨幣，都是人類商業文明最鮮明的標誌。這些不同國家的古老貨幣集聚大唐金市，向我們展示着絲綢之路的商業繁榮。這是東西方之間互利互惠最有價值的見證。

飛錢

絲綢的兌換

開元通寶是唐代的貨幣。在唐代以前,從秦到隋,貨幣的度量都以二十四進制為標準。唐代開始採用新的度量衡。開元通寶流通以後,十錢為一兩的十進位度量衡由此產生。這種新衡制換算便利,適合當時商品生產和商品交換逐漸擴大的需要。開元通寶的錢文由書法家歐陽詢書寫,形制沿用秦方孔圓錢。在錢幣鑄造的形制和重量上,開元通寶成為唐代以後各代銅錢的標準。

38 商業地產開發

今天的西安城裏，市場繁榮。在激烈的競爭中，各種促銷手段令人眼花繚亂，五花八門的商業模式不斷刷新。但是，這一切真的都是新的嗎？我看不見得。

在西安大唐西市博物館，能夠看到一組塑像，表現的是人們拿石頭砸一面旗幟的場景。這是一個遊戲，遊戲的發明人叫竇義。竇義是一個很聰明很有智慧的商人，非常了不起。可是，他為甚麼會發明這樣一個遊戲呢？

故事發生在唐代中期的長安。當時的大唐西市店鋪林立，商賈雲集，這讓精明的竇義看到了土地上的商機。雖然財力微薄，但他還是花了三萬文錢，買下了西市南邊被人廢棄的十多畝低窪地。竇義是個很有遠見的商人，他發現，在長安，越來越多的外國商人沒有地方住，沒有地方儲存貨物，而且商業用地越來越緊張。所以，他買下了這片低窪的爛泥地，想用來建商鋪。

當時誰都不看好這個地方。這裏坑坑窪窪，還有一片髒水，到處都是蘆葦。竇義買了這塊窪地以後，想把它填平，但又沒有能力，怎麼辦呢？於是，他開了一家免費的燒餅鋪，張貼告示：只要用土塊石頭砸中窪地中間的旗幟，就能吃到免費的餅。這個消息很快就傳遍了整個長安。竇義贈餅並不是白贈的，他豎起了一面很高很遠的旗幟，要想砸中它，是非常困難的。砸中的人應該不會太多，不然也許沒有那麼多的餅。但是，總是有人會砸中的。這件有趣的事口口相傳，就產生了一個很大的轟動效應。

竇義當時名氣不大，資本也不大，那麼，他究竟想要甚麼？這個贈餅的效益又是甚麼呢？竇義想要達到的目的，第一就是表現自己的言而有信，第二就是讓越來越多的人對這塊地產生興趣。

很快，扔石頭的人越來越多，這塊地很快就被石塊填滿了。隨後，竇義在這裏蓋了二十多個商鋪，每個商鋪前店後坊，還有倉庫、馬廄。經過巧妙的經營，竇義把這片窪地變成了一個非常繁華的商業區，他也成了一代巨富。由此，竇義也被譽為中國經營商業地產的第一人。

竇義買坑的故事讓我們看到，早在千年以前，智慧的商人們已經開始在核心商貿區投資土地，開發商業地產，這絕對是絲綢之路成就的新興產業。

大唐西市（微縮景觀）

萬里之遙的古羅馬帝國，同樣因為商業的力量，平地建起了一座海濱商城，這座商業之城就是絲綢之路的終點，羅馬的門戶——奧斯蒂亞。

　　奧斯蒂亞古城建於公元 4 世紀，坐落在台伯河的入海口上。這裏原本是一個轉運貨物的港口小鎮，隨着東西方頻繁的貿易往來，這裏的土地被大面積地利用開發，一座繁榮的商業城市應運而生。優越的地理位置使這片海濱成了寸土寸金的商業寶地。

　　千年之後，古城只剩下殘垣斷壁，但基本形態仍然保存完整。通過電腦還原技術，我們可以看到當年這座商城的繁華程度。交錯縱橫的商業街，林立的商鋪，還有多處存貨的大型倉庫。城中建有非常豪華的大劇院和羅馬人最喜歡的大浴場、餐館酒吧、政府機構、各種神廟配套齊全。能把一個小鎮開發到如此程度，絕對超出了我的想像，我想，這就是商業地產的力量。

　　如今，如果能在西安或羅馬的商業區投資一片商鋪，那是了不得的事情。千年之前，當商業用地與住宅用地被區分開之後，商業地產的價格就從未停止過瘋漲。想看一個城市的商業有多繁榮，就去看它的商業地產的價值吧。

奧斯蒂亞城海濱市場復原圖與遺址

39　絲路商人

　　陝西歷史博物館裏有一座唐三彩塑像，塑造的是絲綢之路上的一個胡商的形象。從面部的驚恐表情來看，他好像遇到了緊急情況，也許是土匪的襲擊，也許是沙塵暴的到來。我不知道他最終有沒有化險為夷，不過，我自己在多年重走絲綢之路的旅途當中，確實常常會在沙漠中發現白骨。

　　從長安到羅馬的直線距離是 8000 公里，今天坐飛機只需 10 個小時就能完成的旅程，在千年之前，只能依靠徒步，至少需要走上一年。那些無名的商人，冒着生命危險，為我們鑿通了這條連接歐亞的商路，為人類文明的發展做出了不可估量的貢獻。

　　商人，在長安和羅馬的歷史中，一直都不是甚麼光彩的職業，在中國士、農、工、商的職業排序當中，商人被排在最後。但是，隨着東西方商貿的日益繁榮，商人通過自身的努力和奮鬥，積累了數量可觀的財富，為社會和國家做出了巨大的貢獻，這也逐漸提升了他們的社會地位。

長安的商人多數都是坐商，守着西市這個「聚寶盆」，坐等各國商人來此批發進貨。擅長經營之道的商人們賺了不少錢，這個市場也成就了很多長安富豪，比如初唐時期經營絲綢和酒店生意的長安首富鄒鳳熾，還有開元年間富可敵國、敢向皇帝炫富的珠寶商王元寶。唐末，這些商業巨富為國家做出了很多義舉。

當時有個故事叫「酒胡捐錢」。王酒胡是很大的一個富商。長安城經過了農民起義和戰亂，多次被毀，所以城市建設很缺錢。於是，王酒胡就無償地捐贈他的利潤，來為國家建設做善事。王酒胡先後為國家捐了兩次錢，第一次是為修復朱雀門捐了三十萬貫，後來朝廷下令重修安國寺，皇帝親自下詔，每捐贈一千貫錢，可登鐘樓敲鐘一下，王酒胡登上鐘樓，竟然連敲了一百下銅鐘，渾厚的銅鐘聲在長安城中久久地迴響。王酒胡兩次為國家捐款四十萬貫錢的豪爽義舉，為我們展現了當時長安富商的情懷和實力。這就是東方商業文化中對義和利的處理，還有古代商人的價值追求。

在絲綢之路上，做倒買倒賣生意的中間商，多數是西域諸國的胡人。這些遊商相對比較辛苦，長年奔波，風餐露宿，還要面臨路途中的種種風險和考驗，所以，我們在唐三彩中看到的胡商形象，一般都是威武雄壯的彪形大漢。他們個個都稱得上見多識廣，上通天文，下通地理，還要懂得人情世故，遇到緊急情況的時候，必須很快做出反應。有趣的是，很多胡商到了長安以後都不願意離開，想方設法在西市開店安家。到了唐代中期，在西市落戶的胡商竟多達數千人。這些商人也可以說是古代較早的移民。

古羅馬最初也是以農業立國的，直到羅馬帝國統一地中海以後，隨着東西方商路的開通，商貿活動才開始逐漸興盛起來。古羅馬商人的闖勁十足，

而且富於冒險精神。他們的航行
路線一直延伸到斯里蘭卡、越南
和中國，這些商人也成為陸上與
海上絲綢之路的中堅力量。在古
羅馬商人的價值觀中，誠信是非
常重要的，古羅馬法中甚至規定，

善意和誠信是有效締結契約的前提，如果因為欺詐行為損害了個人名譽，那
就基本不能在商圈裏混了。莎士比亞的名劇《威尼斯商人》，就講述了一個
威尼斯商人安東尼奧因為種種原因不能履行契約而險些被割肉的故事，這也
從側面展現了西方國家對於契約精神的一貫重視與堅守。

當然，我們最熟悉的威尼斯商人還是遊歷過中國的馬可·波羅。這些絲
綢之路上的商人更像冒險家，他們為了追求財富，帶着好奇心和探險精神，
在東西方之間經商遊走，最先完成了探索世界的地理大發現。他們義利兼顧，
智慧勇敢，就像奮鬥的音符，為人類的商業文明譜寫了最精彩的樂章。

莎士比亞名劇《威尼斯商人》中的片段

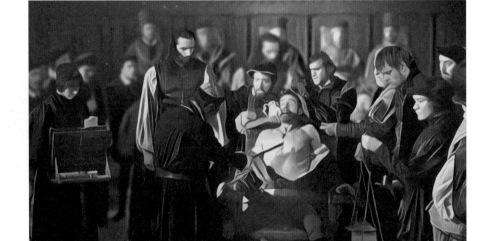

🐫 馬可・波羅

馬可・波羅（1254 年—1324 年）是意大利旅行家、商人，著有《馬可・波羅遊記》。他出生於威尼斯的商人家庭，1275 年跟隨父親和叔叔前往中國，在中國遊歷了 17 年。回到威尼斯之後，馬可・波羅口述自己的旅行經歷，完成《馬可・波羅遊記》。這本書曾在歐洲廣為流傳，對後來新航路的開闢產生了巨大的影響。

40　絲路之舟

今天，有一個詞在中國家喻戶曉——「快遞小哥」。從西安博物院的唐三彩塑像中，我們可以看到一千多年前絲綢之路上的「快遞小哥」長得是甚麼樣子：鷹鈎鼻，大鬍子，這就是他們的模樣。這位來自西域的小哥，使用的交通工具不是摩托車，而是沙漠之舟——駱駝，駱駝身上駄着絲綢、象牙和瓷器，這些物品在當年都是絲綢之路上的搶手貨。看着這隻駱駝，我產生了一種強烈的好奇。千年之前，龐大的物流貨運工作，不會只靠駱駝來完成吧？

今天，我們依託現代的交通工具，物流運輸完全不受地域限制，早已實現了全球商貿的互聯互通。那麼，在沒有先進運載工具的古代，絲綢之路上的物流是如何完成的呢？長安的貨物又是怎樣運到羅馬的呢？

答案簡單直接，您別不信，還真的就憑那些駱駝。駱駝這種動物，溫順，能夠負重，在惡劣的沙漠環境中忍飢耐渴，不畏寒熱，生命力極其頑強。陸上絲綢之路中，絕大多數路段都要穿越西北人跡罕至的沙漠戈壁，這種環境中，只有駱駝才能勝任交通工具的角色。大家不要小看這些駱駝，牠們的貨運能力絕對會嚇你一跳。在正常情況下，一頭駱駝大概能馱運 200 公斤重的貨物，一個駝隊一般有 100 頭左右的駱駝，也就是說，一個駝隊的載重量可達 20 噸。這些駱駝每天能走六七十公里的路程，一次運輸一般長達數月甚至一年。這絕對是「慢遞」，可是在當時，這已經是了不起的運力了。這是千年之前陸上絲綢之路唯一的物流方式，所以，駱駝被稱為「沙漠之舟」。

然而，與今天不同的是，絲路上的物流方式並不是直達，而是分站式買賣倒手。駝隊穿越沙漠，來到地中海邊。到達羅馬帝國的疆域後，貨物想直通羅馬首都，陸路運輸就必須轉入海路運輸。那麼，海上運輸又是靠甚麼完成的呢？

在羅馬內米船舶博物館，我看到了古羅馬人先進的造船技術。作為海洋民族的古羅馬人，造船技術非常發達。這些巨大的龍骨說明，他們能夠建造出載重量高達幾百噸的大船。一艘大船足以取代幾十個駝隊，而且海路都是直達，不需要繞路，省時省力。海洋之舟在海上絲綢之路中扛起了無可替代的物流重任。當時，滿載貨物的商船從古羅馬的行省，埃及的亞歷山大港出發，只要兩三天就可以到達羅馬的奧斯蒂亞港。

奧斯蒂亞曾經是非常重要的地中海商業口岸，來自中國的絲綢以及其他商品，就是在這個地方登岸進入羅馬的。所以，這裏是陸上絲綢之路和海上絲綢之路重要的交匯點。兩千多年前，這裏就已經有了完善的物流設施，還

有碼頭、海關以及保護海防的軍事要塞。今天的羅馬港，就是從當年的奧斯蒂亞港發展而來的。它不僅是地中海上最大的歐洲港口，也是當年絲綢之路的終點。

港口指揮官文森佐·勒奧訥說：「這是古羅馬的著名港口，地中海和古羅馬時代最重要的港口之一，貨物從這裏運到羅馬和整個意大利中部。這個港口一直發揮着重要的作用，而且它的作用還會越來越重要。」

這就是千年之前絲綢之路上的物流。完成沙漠之舟與海洋之舟的接力，經過黃沙漫佈的陸路和驚濤駭浪的水路，長安的貨物才能抵達萬里之遙的羅馬。與今天便捷迅速的全球化物流網絡相比，這段路程漫長而又艱辛。這也讓我們看到了古人在與世界通商的進程中付出的努力與勇氣。不忘來路，我們才會更加珍惜今天的富足生活。

古羅馬船隻龍骨

奧斯蒂亞古城遺址 古羅馬浮雕

羅馬港

沙漠之舟

漢武帝派張騫出使西域，開闢了著名的絲綢之路。絲綢之路沿途要經過多處沙漠。在交通工具匱乏的年代，駱駝成為這條路上最重要的交通運輸工具。駱駝被稱為「沙漠之舟」，牠們性情溫順，吃苦耐勞，在沒有水的條件下可以生存兩週，沒有食物也可生存一個月之久。唐代墓葬中曾經出土大量的駱駝俑，這些駱駝，或滿載貨物，或由胡人牽引。這足以看出當時駱駝在絲綢之路上所發揮的無可替代的作用。

CHANG'AN
MEETS
ROME

軍事探尋

李山，北京師範大學文學院教授，曾參加錄製央視《百家講壇》系列節目「春秋五霸」「戰國七雄」，著有《詩經析讀》《中國文化概論》等著作。

講述人　李山

41　強者之路

　　秦始皇陵兵馬俑被稱為世界第八大奇跡。當來自世界各地的人們滿懷好奇地來到這裏，親眼見到這些歷史奇觀的時候，他們最為深刻的感受只有兩個字：震撼。

　　陶俑那一雙雙怒瞪着的眼睛，已經凝視了兩千多年。當我與它們對視的時候，我眼中看到的是來自歷史深處的「殺氣」。秦漢歷史文化是我一直以來研究的重點，但我今天還是第一次有機會走進兵馬俑一號坑，身臨其境地感受它們。這裏屹立着的是秦始皇的軍隊，他們曾經是大秦軍團真正的戰士。如此近距離觀察的時候，兵馬俑身上的一些細節，讓我浮想聯翩。從兵馬俑的造型來看，很明顯，他們曾經裝備着各式各樣的武器。他們拿的是甚麼武器？他們是怎麼打仗的？這些兩千多年前的陶俑所代表的，又究竟是一支甚麼樣的軍隊呢？

　　雖然秦始皇的大秦軍團是當時東方世界最強大的軍事力量，但秦國起初卻只是偏隅西北的邊陲小國。經歷了幾百年戰火的錘煉，他們從春秋戰國激烈的廝殺之中脫穎而出。這支被稱為虎狼之師的軍團曾經征戰四

方。他們西禦戎狄，東滅六國，南征百越，北拒匈奴。這是一支沉睡了兩千年的軍隊，一支鐵軍。大秦軍團到底有多強大？他們身上究竟藏着甚麼樣的驚天祕密呢？

在這架古代戰爭機器從長安出發，一統華夏江山的時候，地中海亞平寧半島上的古羅馬人，也在世界的另一端雄霸一方。

如果從歷史中搜尋信息的話，我們可以看到，古羅馬人早已意識到，他們自己其實並不是那麼強悍。他們的智力不如希臘人，體力不如凱爾特人，技術不如伊特魯里亞人，經濟不如迦太基人。可是為甚麼偏偏就是這樣的古羅馬人，最終卻建立了一個歷史長達千年的大帝國？

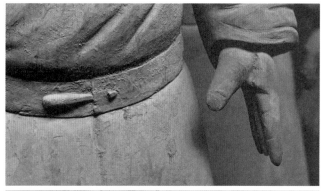

古羅馬人之所以能夠雄霸亞、歐、非三大洲，正是因為他們有令敵手聞風喪膽的古羅馬軍團。在羅馬圖拉真紀功柱上，有一塊浮雕，表現的是戰鬥的場面，可以明顯地看出羅馬人，還有他們的敵人達契亞人的形象。古羅馬軍團從不畏懼強者，越是血雨腥風，越是勇往直前。他們驍勇善

戰，在千年的征途中，從南歐弱旅，成為西方世界的主宰。他們一路披荊斬棘，在征服的道路上可謂戰無不勝。那麼，他們究竟如何書寫自己的歷史，又以怎樣的赫赫戰功成為兩千多年來不可磨滅的傳奇？

強者並不是天生的，大秦與古羅馬在成為古代軍事強者的這條道路上，必定留下了遠超對手的智慧。而這就是我行走在長安與羅馬之間希望探尋的答案。

讓我們一同追問，究竟甚麼樣的道路才是古往今來的強者之路？歷史在這兒拋給了我們一個充滿懸念的謎團。

羅馬圖拉真紀功柱上的浮雕

秦始皇陵兵馬俑

兵馬俑是中國古代墓葬雕塑的一個類別。秦始皇陵兵馬俑位於陝西臨潼秦始皇陵東側的陶俑坑內，總計約八千餘個。秦始皇陵建於公元前246年至公元前208年，是中國第一個大規模的帝王陵寢，兵馬俑是附屬於陵寢的殉葬品。秦始皇陵兵馬俑以秦代軍隊為題材，這些與真人真馬同大的兵馬俑組成了強大的秦代軍隊的陣容，顯示了秦王朝國力的興旺和軍陣的雄偉。

42　長戈短劍

　　陝西周至的一間鐵匠鋪，因為製作各種古代兵器而遠近聞名。為了尋找秦軍強大的祕密，我來到了這裏。故事裏常說的刀槍劍戟、斧鉞鈎叉，在這裏應有盡有。明白了我的來意，鐵匠師傅說，作為陝西人，他要特意為我打造一把最能代表大秦的武器。鐵匠師傅王山說的這件武器叫戈，是根據秦始皇陵兵馬俑出土的戈的樣子打造出來的。

　　沒錯，我要尋找的就是這種曾經在兩千年前所向披靡的秦軍的長戈。在兵馬俑博物館地下倉庫的包裝間，我們看到了幾件比較珍貴的軍事文物，其中就有戈。博物館工作人員告訴我，這種戈在出土時就十分光亮，經過分析，它的表面有一層鉻鹽氧化物。

用鍍鉻來形成防銹膜，這項一直被認為是 20 世紀才有的「高科技」，早在兩千多年前就已經被秦人用在了秦戈上。這種技術為我們封存了秦軍武器的原貌。這種戈是一種綜合性的武器，寒光刺人，非常鋒利，可以鈎，可以斫，還可以推。

那麼，秦人為甚麼會選擇這種兵器呢？有人說，戈就是從鐮刀、斧頭這樣的農具發展而來的兵器，將它固定在長柄上，用它進攻，就像農民使用農具一樣簡單。對於世代耕種的秦人來說，上手再容易不過了。另外，當時的戈都是用青銅做的。在青銅等價貨幣的那個年代，做一支戈的花費遠遠少於刀劍，這樣才會大量普及。

在戰場上，步兵手持長戈，恰似掄起了鋤頭，重擊天降。車兵揮舞長戈，宛如在麥田裏收割，橫掃千軍。當時沒有任何其他武器可以像戈一樣，既有強大的威力方便使用，又造價低廉利於普及。所以，只有戈才適合裝備大秦橫掃六國的百萬之師，這是兩千年前真正當之無愧的致命武器。

應運而生的戈是秦人最得心應手的選擇，而在同一歷史時期，羅馬人也通過一次血的教訓，找到了適合他們的武器。

在羅馬的角鬥士學校，我帶大家去看一個祕密。角鬥士學校校長塞爾吉奧·拉孔莫尼給我展示了一把羅馬短劍。這是非常有名的劍，叫作「格拉迪烏斯」，它很短，也很特別。它的長度大約 60 厘米，重量差不多 1.5 公斤左右。

在歷史上，羅馬人曾經使用過各種武器，可就在他們自以為天下無敵的

時候，沒料想，卻被使用這種短劍的西班牙土著殺了個片甲不留。那麼，這種短劍到底厲害在哪兒呢？校長介紹說，這把劍很靈活，可以把敵人拉近自己，再用短兵器殺敵，但自己用劍時，敵人卻無法用長兵器來反擊。這把劍被羅馬人學過來，成了羅馬軍隊近身格鬥的有力武器。

這種西班牙土著的短武器，正是羅馬軍團尋覓已久的克敵法寶。當時歐洲主流的長槍方陣，讓古羅馬人吃盡了苦頭。而經過了在西班牙的失敗，他們頓悟了破解之法，那就是接近敵人，以短克長。事實證明，笨重的長武器在近戰中完全不敵靈活多變的短劍。當時這種反潮流兵器的出現，對於羅馬的敵手們來說是非常致命的威脅。自那時起的千年帝國歷史裏，這種短劍一直佩戴在古羅馬將士的腰間。

古人云：「工欲善其事，必先利其器。」只有武器得心應手，才能在戰爭中發揮自己真正的實力。無論是大秦的長戈還是羅馬的短劍，古代東西方戰士們都做出了最適合自己的完美選擇，這是他們成為戰場王者的不二法門。然而，要成就任何一支無敵鐵軍，只靠一件武器還遠遠不夠。

秦戈

戈是古代中國特有的一種格鬥兵器。在古代，戈和干合稱「干戈」，是各種兵器的統稱。戈在商代就已經出現，秦代作戰時仍在使用。戈受石器時代石鐮的啟發而產生，可橫擊，也可用於勾殺。秦戈一般為青銅戈，長戈用於車戰，短戈用於步兵。在先秦時代，戈是主要兵器之一，對後來兵器的發展產生了深遠的影響，而且，這種影響已經超越了兵器本身，反映在「反戈一擊」「金戈鐵馬」等詞語上，融入民族文化之中。

羅馬短劍

羅馬短劍是一種用於單兵格鬥的武器，兩側有刃，主要用於刺擊，使用非常靈活，主要配合士兵隨身攜帶的盾牌並用。羅馬短劍一般長 60 到 80 厘米，寬 5 厘米左右。這種武器的出現與羅馬軍隊的作戰思想有關。羅馬軍團的基本戰術：先向敵人投擲標槍，使敵人陣形散亂，然後手持短劍發起攻擊。

— PART5 —

43 射手的時代

秦始皇陵兵馬俑博物館是中國首批國家一級博物館。在這裏，我找到了大秦軍團最強殺傷武器的線索。這個武器就是弩機。弩機的牙可以鈎住和放開弓弦，「望山」可以用來瞄準。有了這樣的弩機，可以讓射程得到保證，射擊的準確度也更高。由弓箭發展到弩機，這是中國兵器的獨特歷史。

最早將弩用於實戰，是在中國的春秋戰國時期。隨着秦國統一天下，秦弩成為博採六國工藝的強弩。它的威力究竟能有多強，至今仍然是個謎。

對於羅馬士兵來說，投槍是他們的標配。羅馬角鬥士學校校長塞爾吉奧．拉孔莫尼介紹說，古羅馬投槍只能使用一次。最重要的是，不論投槍是否擊中，都會斷成兩截，敵人就不能再扔回來了。投擲的時候要足夠靠後，越用力越好。因為它很重，可以直接穿透盾牌。相傳，古羅馬的投槍之所以設計成一次性的，正是因為它的殺傷力極大，不能落在敵人手中之後再投回來傷害自己。

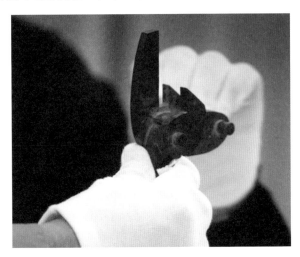

冷兵器時代是射手們統

治戰場的時代，弓弩和投槍代表了兩種不同的進攻體系。不必多說，我相信，實踐才是檢驗真理的唯一標準。讓我們用真槍實彈來驗證這些古代殺器的威力吧。

鐵匠師傅王山按照秦始皇陵兵馬俑出土的弩的資料，用了一個多月的時間複製出來一把秦弩。雖說秦弩的製作工藝並沒有確切的史料記載，但是通過幾十次的實驗，我們今天終於能夠親身體驗一把這穿越兩千年的實彈射擊。我已經迫不及待了。

鐵匠師傅說，這個秦弩上面有瞄準器，中間有個槽子，力氣小的人是拉不動的。這個弩輕鬆射穿了兩層九合板，而且透過去一寸多。這實際上是十八層的膠合板。古代的鎧甲基本上都達不到這個厚度，也沒有這個硬度，所以，這個力量絕對夠大了。要知道，這樣的一擊等於是在鋒利的箭頭上集結了十幾噸的力量，那射入的一瞬間，簡直可以無視防具，力量是相當大的。不少歷史記載中都描述過，秦軍之所以能百戰百勝，就在於弓強箭快。每到戰場，弓弩最先發難，多少六國戰士，也許從未見過秦軍的模樣，就已經命喪秦弩之下了。

我上手試了一下三層的木板，居然射穿了。可見，它的殺傷力真是很大。而且，像我這樣的人都可以拿起來就射，這也是它的一個很大的長處，也就是說，它訓練起來很簡單，一個農民、一個生手，都可以立刻上手，這確實是很厲害的。

不難想像，在兩千年前的戰場上，秦軍面對敵人萬箭齊發，那一定是非常恐怖的時刻。而古羅馬軍團的投槍，威力又會如何呢？在今天的陝西，有

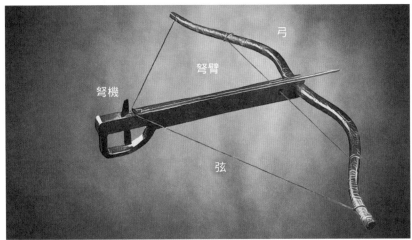

弓

弩臂

弩機

弦

人複製了羅馬的投槍，我們也可以來試試古羅馬投槍的殺傷力。雖然它的射程不如弓弩，但這種重型武器的威力卻毫不遜色。投手使出全力時，同樣厚實的三層木板，投槍也沒有任何猶豫，一擊穿透。

投槍是古羅馬步兵的標配，他們在近身肉搏之前，都會展開一番掃射，以無法防禦的破壞力，最大限度地殺傷敵人。實驗用的三層木板，實際上比古代的盾牌還要厚一些。如果被投槍擊中，也是可以一擊斃命的。

憑藉當之無愧的最強殺傷，冷兵器時代成了射手們主導戰場的時代。這兩種優秀的遠端武器是古代東西方善戰之師必備的軍事手段。然而，攻守平衡才是兵家之道，這一點他們又是如何做到的呢？

秦弩

弩是古代的一種遠射武器，源於弓，但威力遠大於弓。中國最晚在商周時期，就已經出現了弩。春秋戰國時期，木弩轉變成青銅弩機。秦代的弓弩採用了當時最為堅固的青銅，結構也做了很多改進，發射出的箭鏃威力更大，速度更快，射程也更遠。秦始皇陵兵馬俑坑發現的青銅弩機仍然活動自如，說明秦弩的製作工藝已經達到相當高的水平。

投槍

投槍是投擲出去殺傷敵人的標槍。在古羅馬軍隊中，投槍是廣泛使用的武器。羅馬投槍長 1.5 至 2 米，一般投擲距離是 30 米左右。這種投槍是為了投擲而設計的，穿透敵人鎧甲的同時，細細的鐵頭會迅速彎曲，既可以加強殺傷效果，又避免敵人投擲回來。後來，投槍的設計進一步改良，鐵頭投擲出去後，碰到硬物就會折斷。這種投槍設計的目的不是為了在遠距離殺傷敵人，而是為了破壞敵人的作戰隊形，為近戰創造有利條件。

44 重裝輕甲

古羅馬的鎧甲我們並不陌生,因為那威武的形象在今天的羅馬城裏隨處可見,這可是意大利人的驕傲。我不禁好奇,古代的鎧甲究竟長成甚麼樣子,古羅馬軍團又為何會做此選擇呢?

羅馬角鬥士學校校長塞爾吉奧·拉孔莫尼介紹說,古羅馬士兵使用兩種鎧甲,一種是鎖子甲,這種鎧甲很重,大約十公斤。它能防劈砍,但對於防突刺還不夠,所以,古羅馬人同時也用另一種鎧甲,叫作「賽格蒙塔塔」甲。穿上這種鎧甲,可以任意活動胳膊,動作很方便,身體也可以靈活運動,特別適合打仗。這樣的鐵甲,一般的刀劍絕對攻不破,這可是兩千年前全世界最好的裝甲之一了。這種鎧甲相當有分量,而且容易上手。穿好鎧甲,手裏面拿着盾牌,就可以殺敵了。

在冷兵器時代的戰場上,鎧甲越是厚重,就意味着防禦力越高。古羅馬士兵的厚重鎧甲在當時絕對是歐洲頂級的。憑藉着如此堅實的防禦,古羅馬軍團面對強敵,卻有着遠遠低於對手的戰場傷亡。他們以鋼鐵之軀贏下眾多大仗硬仗。

外披板甲

內穿鎖子甲

其實，他們之所以選擇這樣沉重的鎧甲，還有更深層的原因。當時古羅馬軍團的戰鬥力雖然很強，但兵力往往不佔優勢。在曠日持久的征途中，克敵制勝固然重要，但活着回來並為下一場戰鬥做好準備，才是他們從長計議的戰術思考。這樣看來，一套重裝甲的必要性就不言而喻了。

兩千多年前的兵馬俑身上也穿着鎧甲。據考證，當年的兵馬俑都是參照真實物件做出來的。那麼真實的秦軍鎧甲是甚麼樣子的呢？

秦軍對於他們的鎧甲有着非常獨特的思考。我們看到的兵馬俑是陪葬品，所以那些鎧甲是用石頭的方塊連製而成的。而實際上，真正的秦軍鎧甲應該是用皮革做成的。穿戴過古羅馬沉重的鐵甲後，我覺得秦軍這種魚鱗狀的皮甲的確單薄了許多。但越是仔細觀察，我似乎越能明白秦軍當時的想法。

這個鎧甲是用牛皮一紮一紮地排列下來，是一層一層的。我們在生活中

 古羅馬鎖子甲

有這樣的經驗，切紙的時候，要把紙按實了以後，才能一刀切開。但是這個鎧甲，它的中間有縫隙，有空間，這樣的話，它對箭頭或者刀劍是有一種瓦解力的。據史料記載，這種鎧甲的防禦能力並不低，普通的弓箭刀槍很難輕易把它擊穿。而且，秦人並不是用不起金屬，而是另有戰術考慮。

在戰場上，穿得像青銅武士一樣，實際上是很笨重的。為甚麼鎧甲都是半身？因為如果再長，士兵的活動就很不方便了。秦國鎧甲的特徵就是相對輕便，士兵穿上以後，既輕巧又便於活動。鎧甲是一個防禦武器，但是，防禦武器如果過於笨重，也會影響進攻。輕便的鎧甲方便作戰，實際上也是有利於進攻的。兵法講「兵貴神速」，在進攻策略上，秦軍更是如此。面對數倍於自己的六國大軍，要想逐個擊破，最重要的就是速度。這是秦國縱觀全域的戰術考量。而輕便的鎧甲就是先聲奪人、速戰速決的關鍵所在。所以，他們是在和時間賽跑。只有輕裝上陣，才能真正做到以快制勝，完成屬於他們的使命。

兩種古代鎧甲的巨大差別，讓我們窺見東西方不同的戰略思想。重裝與輕甲，不僅是武器裝備的歷史，更是強者們適應不同戰場需求的智慧，是防護優先的意義，也是速度優先的目的。那麼，早已做好準備的他們，又將怎樣吹響進軍的號角呢？

鎧甲

鎧甲是古代將士穿在身上的防護裝具。鎧甲起源於原始社會時以藤木、皮革等原料製造的護體裝具。在中國的先秦時期，鎧甲主要用皮革製造。人們將皮革裁製成形狀各異的革片，並將多層皮革合在一起，製成牢固耐用的甲片，然後在片上穿孔，用繩編聯成甲。皮甲在車戰中與盾相配合，可以有效地防禦青銅兵器的攻擊。戰國後期，鋒利的鋼鐵兵器逐漸用於實戰，促使防護裝具發生變革，漢代以後，鐵鎧逐漸取代了皮甲。

45 攻守之道

　　獨一無二的秦始皇陵兵馬俑以排山倒海的氣勢著稱。可是在我眼中，它的意義卻不止於此。可以說，這裏隱藏着一個強大軍團排兵佈陣的奧祕。那麼，這些站立了兩千多年的秦俑，為甚麼要用這樣的順序排列呢？

　　兵馬俑博物館的一個俑坑，縱深長 230 多米，寬 62 米，有 11 到 12 列縱橫排列。從軍事角度上來講，秦軍作戰縱深的陣勢包括遠距離、中距離，還有近距離。可以看出，遠距離的主要是弓弩手，中距離的士兵在戰車的率領下突擊，最後由近距離的士兵收割首級。我們知道，這些兵種之間攻擊的速度是不一樣的，這說明秦軍有自己的作戰節奏。那麼，通過兵馬俑的排列順序，就可以復盤出當年秦軍是如何上陣殺敵的。

　　當秦軍剛剛出現在地平線上，第一波漫天的箭雨就已經打得敵人措手不及。接着，不等敵人重整旗鼓，戰車部隊就會迎面殺來，打開突破口。然後，咆哮着的敢死隊馬上殺入敵陣，展開肉搏。用不了多久，龐大的步兵方陣隨之推進

而來，將疲於應戰的敵軍殘兵包圍殲滅。可以想像，這個氣勢是很強大的，可以說代表着戰國以來排兵佈陣的最高水平。

　　大秦軍陣的特點就是極端強調進攻，以密集的輪番攻勢掌握戰場的主動權。但是，他們為甚麼會選擇這樣一套陣型呢？其實，歷史早有答案。秦國當時奉行「遠交近攻」的戰略方針，面對分則弱合則強的六國之師，他們必須以最快的速度逐個擊破，絕不能久戰不前，留給敵人聯合反擊的機會。所以，極端強調進攻的陣法就是大秦帝國能夠打破僵局的最佳選擇。

　　同一時期的羅馬人又會有怎樣的陣法呢？要弄清這樣的問題，也許還得從一件防具說起。

　　當年，羅馬人使用的是一種方形盾牌，他們就是拿着這個去戰鬥的。盾牌是用來防身的，可是如此巨大的盾牌並不多見，那麼，它們有甚麼獨特的用法嗎？幾個意大利小夥子給我們進行了演示。比肩接踵，互相依託，利用巨大的盾牌，組成一座移動的堡壘。小夥子們說，這就是傳說中的龜甲陣。那麼，在古代戰場上，龜甲陣真的管用嗎？

相傳,這種陣型曾經讓羅馬人的對手非常頭疼。龜甲陣做到了全方位防護,不留死角。訓練有素的士兵在龜甲陣中,任何時候都不懼怕弓箭刀槍,甚至更有龜甲之上能跑戰馬的傳說。

通過交流,我發現,古羅馬軍團雖然也是由多兵種組成的,但步兵方陣永遠是絕對的主力,最多時,兵力要佔總人數的百分之九十以上。當進攻開始的時候,根據作戰需要,成百上千的龜甲陣可以組合成不同編隊的陣型,以整齊劃一的速度穩步推進,向敵人撲去。這種陣法就是先用最大的防禦力化解敵人的攻勢,再步步緊逼,直到包圍殲滅。這就是龜甲陣。可是,他們為甚麼會選擇這樣的陣型呢?我將在古羅馬軍事百科全書《羅馬軍制論》中尋找答案。

這本古籍中寫着這樣一句話:「為了保護自己,士兵們把盾牌聚攏在一起。」原來,龜甲陣也是從苦難中磨練出來的。據歷史記載,羅馬興起之初,根本無力與強大的敵人對攻,所以只能被動地擺出防守反擊的姿態。沒想到,這種打法卻異常奏效,屢戰屢勝。在無數次瓦解敵人進攻的基礎上,羅馬人最終成為笑到最後的勝利者。可以說,極端強調防禦,就是羅馬征服西方的強大戰術。

攻守之道,變幻莫測。兩種截然不同的陣法,是東西方各有所長的軍事智慧,也是進攻與防守的戰爭藝術最為極致的表達。不過,也許一件古代的祕密武器就能夠改變這一切。

龜甲陣

龜甲陣主要用於古羅馬軍隊中，也稱羅馬方陣，大約出現於公元前 200 年左右。這種龜甲陣由士兵手持與人同高的方形大盾，集結成一個長方形，四面和頂部都有大盾防禦。這種陣型移動速度比較慢，但可以有效防禦弓弩等武器。龜甲陣是一種半防禦、半進攻的陣型。通過密不透風的陣型將士兵藏於盾牌之後，只在盾牌之間留下小小的空隙，便於長矛穿刺。此外，龜甲陣裏的士兵還裝備有投槍、長槍、短劍等裝備。

秦軍方陣

秦代的軍事力量非常強大。以秦代軍隊為題材的秦始皇陵兵馬俑，完整地展現了秦軍方陣的陣容。前鋒為一排戰車，其後為三排強弩陣，再其後為兩個長矛方陣，每陣後中部有一輛指揮戰車，車後為三排強弩陣，其後又是兩個長矛陣，再其後為四個游擊陣，最後是總指揮車和戰將。方陣兩翼是騎兵陣，負責突襲，攻擊敵陣兩翼。方陣中弓弩、步兵、戰車和騎兵的分佈，構成完整的軍陣編制系統。

46 戰場與賽場

～～～～～～～～～～～～～～～～～～～～～～～～～～～～～～

西安張家坡西周車馬坑完整地封存着主導中國古戰場的強大力量。這裏的遺跡證明着，在秦之前的一千多年，戰車已經成為衡量軍事力量的重要標準。那麼讓我們仔細看看，中國的古代戰車到底有甚麼特點。

西安周秦都城遺址保護管理中心的高健告訴我，這些戰車，馬的匹數越多，動力也就越大。這裏還有很多馬匹使用的青銅器具，有擋額頭的，從鼻樑上過來，可以固定繩索，更重要的作用可能就是防護，防止被打傷。戰車的重量很大，車的寬度差不多有四米，很寬。因為它需要在田野打仗，所以，寬大的輪子更穩當。在路況崎嶇不平的時候，戰車的大車輪就像裝甲車的履帶一樣。

如同今天的坦克一樣，戰車在古代的威力是顯而易見的。那麼，這個重型武器在千百年前是如何作戰的呢？

古代打仗，戰車上一般站三個人，中間的人是駕車的，車的左邊往往是一個弓箭手，負責遠射，車右是大力士，操一把長矛。所以，中國的戰車作戰有一個特點，就是《詩經》裏說的「左之左之」。也就是說，戰車作戰的形式，就是在左邊的位置設置遠射，近距離交戰時再向左轉，大力士就能拿槍突擊，這就算是一個回合。

秦陵一號銅車馬 秦始皇帝陵博物院

戰車部隊展開突擊時，不僅可以橫衝直撞，瓦解敵陣，更能通過多種手段打擊敵人。這種迅雷不及掩耳的重創，是無論多麼強大的血肉之軀都無法抵擋的。可以說，戰車馳騁疆場的千百年間，它就是橫掃敵人的噩夢，更是帶來勝利的飛馳的武神。

到了戰國時期，中國的戰車日漸成熟，甚至有學者認為，正是它強大的威力，加速了秦國統一天下的步伐。古代文獻中講「四牡騤騤」「四牡業業」，這就是戰車的標配。戰場中四匹馬拉的戰車，就是取它的這種衝擊力。

秦軍戰車雖然是木製的，但一輛車也有上噸重。驅動它的強大動力，就源自於中國古人獨創的繫架法。車的重量被分配在馬的肩背部，使其奔跑更加輕鬆、持久。而當時世界上的其他戰車都是將繩索繫在馬的頸部和胸部，這樣馬匹會因為呼吸不暢而疲憊，毫無持續性可言。不得不說，成就中國戰車不朽地位的，正是古人的智慧。

在東方的戰車大殺四方的時候，古羅馬人的戰車又駛向了何方呢？

羅馬馬西莫競技場是古代羅馬的賽車競技場，大概有三個足球場大，當年的地面要比現在平，而且都是砂石鋪地，周邊地區還能看到古代看台的遺跡。實際上，古羅馬戰車出現最頻繁的地方，就是這樣的賽場。在古羅馬的歷史上，戰車幾乎不會在實戰中使用。為甚麼東方戰場上的王者，在西方卻被將士們遺忘了呢？答案也許就在我的腳下。

我在羅馬行走過不少地方，無論哪裏，大面積的平地都非常少見，幾千

年來羅馬人征戰的地中海沿岸更是丘陵密佈。在這樣顛簸的地形上，用戰車作戰幾乎是不可能的。再看看羅馬的戰車，小輪窄身，單人乘坐，更多的時候，它只能當作一種高速載具，而無法使用各種攻擊手段，難怪只有賽場才最能體現它的價值。

那麼，古羅馬人就不知道戰場上兵貴神速的重要性嗎？他們當然知道，正因為如此，他們務實地放棄了戰車，而比東方更早地把精力花在發展騎兵上，這才有了後來享譽世界的騎士文化。一人一馬、弓箭長槍，不論山林還是丘陵都能如履平地的騎兵，才是屬於地中海的戰場靈魂。

在古代，並不是某一種武器威力強大，就一定適合運用在任何戰場上。因地制宜、合理地選擇裝備才是上策。從長安的車輪到羅馬的鐵蹄，歷史都會指引着他們向前，那麼，在前方等待着他們的，又會是甚麼呢？

秦軍戰車

戰車是古代戰爭中用於攻守的車輛。在秦代，戰車是軍隊的主要裝備，車戰也是主要作戰方式。秦軍戰車的基本狀況，可以從秦始皇陵兵馬俑坑出土的戰車中得到準確反映。當時的戰車稱為「乘」，也就是四匹馬拉的戰車，車上成員共三人，一人駕車，一人擔任弓箭手，負責遠程攻擊，另一人持戈，負責近戰。在那個時代，戰車發揮着現代坦克的作用，進攻威力非常強大。

羅馬騎兵

騎兵是指騎馬作戰的軍隊或士兵。在古羅馬軍隊中，騎兵是不可缺少的部分。當時的騎兵大隊屬於真正的作戰單位。每個軍團的騎兵部隊大約有三百人左右，以組建地的名字命名。每支部隊都有獨立的標誌，刻在節杖和盾牌上。羅馬騎兵的裝備已經制式化，他們身穿鐵甲，戴着大型護肩和頭盔，騎兵武器是傳統的羅馬短劍或凱爾特式長劍，掛在身體右側。此外，騎兵還備有輕質長矛，可投擲，可捅刺。

47　熱血滿腔

　　我眼前這座建築是羅馬君士坦丁凱旋門。這座歷史建築裏邊隱含着許多歷史的祕密，讓我們進來瞧瞧。

　　按理說，凱旋門上最醒目的位置應該留給偉岸的英雄，但讓我驚訝的是，這些塑像的原型並不是英雄，而是俘虜。古羅馬人把自己戰勝的敵國領袖做成俘虜的形象放在這裏，就是在彰顯誰才是最偉大的征服者。

　　試想，凱旋的大軍榮歸故里，將士們帶着戰利品，從這座為了迎接他們而建造的宏偉建築穿過，接受萬民景仰和國家的敬意，那會是何等的榮耀啊！而這就是古羅馬社會賦予民眾的價值導向：羅馬的最高榮譽都在戰場上。

可以想像，在千百年前，古羅馬人想要有好的前程，就必須當兵上戰場。他們的未來是用軍功換來的。可是，他們立功之後到底能得到些甚麼呢？

圖拉真市場的古代浮雕告訴我們，那些戰士們首先能夠得到的，就是財富。法律規定，戰士可以按照功勞，瓜分巨額戰利品，所以很多人都能通過一場大勝而暴富。在公元前 2 世紀，馬略軍事改革後，退伍士兵甚至還能獲得一筆退休金和一大塊田產，真可以說是超高的福利待遇。

然而，這還不是最誘人的，在古羅馬，有了軍功還意味着被社會認可。這不僅是走上仕途的硬性條件，而且是步入國家精英階層的敲門磚。據歷史記載，古羅馬元老院最多時有半數議員來自榮獲軍功的軍人們。正是因為國家用制度賦予人民充滿希望的未來，才成就了古羅馬社會上下一心為國征戰的高漲熱情。再次凝視這座千年的凱旋門，它不再是普通的歷史遺跡，而是每一位古羅馬戰士所嚮往的精神家園。

羅馬皇帝君士坦丁一世雕塑 卡比托利歐博物館

古羅馬士兵的「退伍證書」，明確標明他所獲得的獎勵

在同一時期的秦國，也有一座著名的建築函谷關，它是秦軍出征的起點。在秦統一天下的時候，千軍萬馬正是從這裏踏上征服六國的旅程的。但是，誰也沒能想到，那支威震四方的虎狼之師，在出關之前根本就不是真正的戰士。當時秦國十分弱小，根本沒有強大的軍隊。秦軍的那些士兵原來都是世代耕種的農民。這時，一個人的出現改變了大秦帝國和萬千百姓的命運。這個人就是商鞅。那麼，商鞅究竟為秦國創造了一個怎樣的奇跡呢？祕密就在一本書裏。

著名的《商君書》裏記載了商鞅變法時的一些具體措施，其中一個很重要的內容，就是二十軍功爵制，也就是殺多少人頭可以獲得爵位，而這個爵位就是地位的象徵，財富的象徵。

後世曾經流傳的一首童謠，是對秦國軍功制度最好的解讀：「殺一敵不為奴，殺十敵田百畝，殺百敵金銀宅邑萬戶侯」。也就是說，只要殺死一個敵人，就可以改變命運，殺得越多，財富和社會地位就越高，真可謂「重賞之下必有勇夫」。

在兩千多年前，廣大的東方對當時的秦國將士們而言，不僅僅是山川，也不僅僅是河流。因為他們可以在向東方的廝殺中獲得功勛，獲得爵位。大秦的「二十軍功爵」最大的意義，就是用制度的力量，創造了前所未有的強大戰鬥力。對於秦國人來說，斬獲軍功的結果遠遠大於流血犧牲所付出的代價。戰場就是機遇，就是他們改變命運的地方。所以他們就是在用軍功鑄造自己的未來。

從長安到羅馬，古代軍功制度造就了東西方將士同樣的滿腔熱血。它支撐着勇者不懼凶險，也見證着英雄精忠報國。但是，要成為強者，還有一個重要的條件，必不可少。

羅馬凱旋門

凱旋門是古羅馬帝王為炫耀戰爭勝利而修建的紀念性建築。古羅馬帝王在征服一個國家或地區之後，通常要在軍隊歸來必經之路上修建一座凱旋門。這樣做的目的，既是為了壯大古羅馬軍隊的聲威，也是為了給帝王的戰功留下永久的豐碑。凱旋門通常建在城市街道中心或廣場上，形似門樓，上面刻有展現統治者戰績的浮雕。這種建築形式後來為歐洲其他國家所沿用。古羅馬時代共有 21 座凱旋門，如今羅馬城中存有三座。

《商君書》

《商君書》是戰國時期政治家、軍事家商鞅的著作彙編，現存 26 篇。作品着重論述以商鞅為代表的革新派在當時的秦國所施行的變法理論和具體措施，是戰國時期法家學派的代表作之一。商鞅曾輔佐秦孝公，積極實行變法，使秦國成為富裕強大的國家。《商君書》中提到的很多理論，如重農開荒、重刑厚賞、重戰尚武等，後來都成為秦國政治的指導原則。

48　條條大道

我們知道，古羅馬在歷史上一直都是能征慣戰的，有的時候，一場戰爭涉及的人口動輒十幾萬。那麼，這就有一個問題，他們的後勤問題是怎麼解決的呢？答案就在羅馬的圖拉真紀功柱上。

圖拉真紀功柱描繪了公元 2 世紀的達契亞戰爭。為了這場戰爭，羅馬帝國集結了有史以來最龐大的 15 萬大軍。有人計算過，光是第一個月，就需要 3975 噸糧草和 4050 噸裝備。這場仗足足打了兩年，需要的物資真是太多了。雖然強盛的羅馬帝國花得起這筆錢，可是，這麼多的物資究竟如何抵達戰場呢？

圖拉真市場工作人員西莫內・帕斯托介紹說，博物館裏的牛車就是從達契亞把戰利品送回羅馬的工具。這是四輪的、拉輜重的牛車，是從達契亞搜羅的東西。實際上，這輛牛車反映出的就是羅馬軍事運輸的狀況。

　　這輛滿載戰利品回國的車，也正是從羅馬押送糧草輜重到前線的車。可以想像，當年使用的這種運輸車是不計其數的。然而，有車就得有路，從羅馬到達契亞的距離是一千五百多公里，這個距離才是真正要解決的難題。

　　看到古羅馬人兩千多年前修建的亞庇古道時，我才真正明白浮雕上那些車輛是如何跨越這段距離的。這條大道在今天還有汽車在來回行駛。當時羅馬的大道可以並排行進兩駕車。如果細看的話，路上還可以看到從前車轍的印跡。

　　為了經營天下，羅馬人是踏踏實實從腳底做起的。羅馬的軍隊有個特點，就是人走到哪兒，路就修到哪兒。這樣的古道在今天還能使用，就說明當年造價不菲。為了道路暢通，羅馬人還花重金在萊茵河上架起了大橋。雖然這幾乎耗盡了當時羅馬帝國的全部國力，但歷史證明，這樣的投入是值得的。再無後顧之憂的古羅馬軍團以全面勝利贏得了 165 噸純金和 331 噸白

銀的戰利品，還有 23 萬平方公里的富饒土地。完備的補給線成就了古羅馬的常勝之師。通過這種大道，我們可以看到羅馬人征服天下的腳步。

巧合的是，我曾經在史料上讀到過，同一時期的長安也有一條著名的大道，那就是秦直道。這條著名的直道實際上可以說是古代的高速公路。《史記》中對於秦直道的描述，只有「始皇欲遊天下」這六個字，然而，它真的就這麼簡單嗎？

陝西咸陽旬邑縣秦直道遺址。現在人們能夠看到的遺址，實際上就是兩個山峰夾着一個通道，已經很難想像它曾經是一條大道了。旬邑縣博物館工作人員何一平告訴我，這條路就在兩山之間，那裏原來沒有那麼低，是修路把它挖下去的。

據史料記載，秦直道總長 800 多公里，30 萬勞工遇山移山，遇溝填溝，才在千溝萬壑的黃土高原，建成了全線筆直的大道，這也正是秦直道名字的由來。

從文獻上看，秦直道寬的地方是 60 米，窄的地方有 20 米，跑幾輛大車都沒有問題。要知道，如今雙向八車道的高速公路也不過 40 米寬。秦直道如此的規模絕不可能只是為了皇帝出遊。而且，像秦始皇這樣一位雄韜偉略的軍事家，修這樣一條筆直的大道，肯定還有更具野心的目的。

從旬邑縣博物館復原的部分秦直道來看，這種寬度的馬路在當時的全世界都是非常罕見的。要知道，秦直道連接的是咸陽的大後方和河套地區的長城前線，所以，它無疑與軍事補給密不可分。這實際上是為了當時北方的戰

備而修建的，是一條軍事大道，大量的軍事物資在這條路上可以暢行無阻。

據歷史記載，公元前 215 年秦攻匈奴，公元前 127 年漢武帝北伐匈奴，這些開疆拓土的大勝，都得益於秦直道強大後勤能力的支撐。雖然兩千年前像這樣的超級工程花費巨大，但是為了贏得更偉大的勝利，就要捨得下本錢。正是有了這樣的大路，才有了中國歷史上廣闊的西北版圖。

條條大路通羅馬，長安大道通四方。親身行走在千年古道上，我更體會到東西方強者們取勝的關鍵，那就是不打無準備之仗。那麼，沿着這條條大路，他們的征途又將去向何方呢？

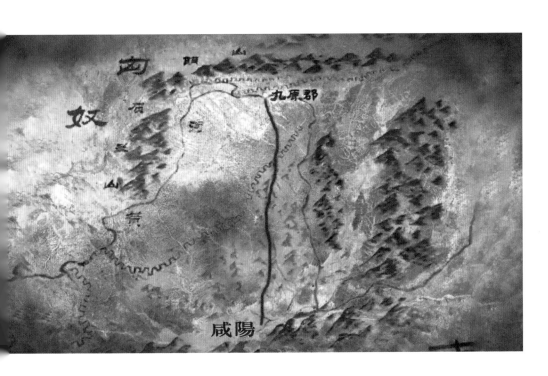

亞庇古道

亞庇古道是古羅馬人修建的最著名的軍事道路，修建於公元前 400 年前後。這條路從羅馬向東南方向延伸，連接了羅馬和它征服的一些地區。道路全長約 660 公里。亞庇古道最初是軍隊使用的道路，是為了保證軍隊調遣時能夠迅速移動而修建的。道路用泥灰、沙石和石塊鋪築而成，牢固堅實，無論甚麼天氣都可以保證道路暢通。後來，這條路被用於商貿往來。如今的亞庇古道，靠近羅馬市區的一部分依舊車流繁忙。

秦直道

秦直道是秦代修築的一條交通幹道，位於內蒙古、甘肅和陝西境內。秦直道始建於秦始皇三十五年（公元前 212 年）。秦始皇統一六國後，為阻止和防範北方匈奴的侵擾，令大將蒙恬率 30 萬大軍，用兩年時間修築了一條長達七百多公里的軍事通道。這條路南起陝西林光宮，北至今天內蒙古包頭的九原郡，是從咸陽附近直通北部邊疆最便捷的一條大路，因大體南北相直，所以被稱為「直道」。

49 軍情速遞

兩千五百年前，一次長跑造就了如今的馬拉松運動和歷史上最著名的傳令兵。這段歷史讓我浮想聯翩。難道在古代，軍事信息真的只能用奔跑來傳遞嗎？古人又有哪些偉大的創舉呢？

古羅馬人明白，用馬拉松式的奔跑來傳遞情報是遠遠不夠的，所以就有了羅馬亞庇古道上的白色石頭建築。這個建築是一個軍事要塞，它有一個重要作用——驛站。

四通八達的路網可以說是古羅馬交通的先天優勢，因此，羅馬帝國設立了覆蓋全國的郵驛系統和專門的傳令騎兵。可是，騎馬送信好像並沒有甚麼特別的，想知道他們究竟有甚麼獨到之處，我們還得往前走走。

據記載，早在公元前 1 世紀，古羅馬就有了完備的交通制度。從那時起，無數個軍事驛站被建立起來。這些驛站緊密地分佈在每一條道路上，最大的作用就是配合十萬火急的軍情，調動快馬和騎兵，再通過接力的方式，日夜

兼程地傳遞消息。這已經不是簡單的騎馬送信，而是一場奔騰的接力賽。最快時，傳令兵每天能跑三百公里，在兩千年前，這可是世界第一時速，無人能及。然而，戰場上的傳令兵是個危險的職業，難道古羅馬人就不怕軍情被截獲嗎？

據歷史記載，古羅馬人有一門絕技，那就是凱撒密碼表。它的原理就是，在一個不斷變化的規則下，用其他字母替代原本的內容。在今天看來，這似乎很簡單，但在當時，只要自己掌握解碼規則，那些文字就算是擺在敵人面前，他們也會束手無策。

如果說古羅馬人傳遞軍情靠的是技高一籌，那麼中國古人的方式絕對可以說是另闢蹊徑。

這次探尋，我可沒少走路。陝西不像亞平寧半島，這裏的路遇到雨，就會泥濘難行。我想，古人一定會有跟我一樣的煩惱。那麼，如果沒有便捷的道路，要快速傳遞軍情，他們該怎麼辦呢？

傳說周幽王烽火戲諸侯，通過點煙火的方式傳信。這個傳說裏面涉及了一種軍事制度，就是用烽火傳遞資訊。

古代中國偌大的疆域上，並沒有古羅馬那樣完善的路網。想要快速傳遞軍情，就需要智慧。雖然用烽火傳遞信息是沒有辦法的辦法，但是，烽火台也有着無人能及的強大優勢。古代沒有電子設備，我們的古人想到了一個辦法，在山頭上建很多烽火台，白天用點煙的方式傳信，晚上用點火的方式預警。在這裏點煙或者放火，遠處都可以看到，這樣依例而行，就能接連不斷地把消息傳到遠方。

從春秋戰國到近代，烽火台在幾千年的時間裏都沒有消失。隨着秦代修建萬里長城，它的身影更是遍佈整個邊疆。烽火台能夠讓古人如此仰仗，究竟是甚麼原因呢？

據史料記載，眾多烽火台之間，其實有一套完整的信號系統，古稱「傳烽法」。不同形狀和顏色的煙，明暗變化的火光，都代表着不同的信息。這就相當於千年前的莫爾斯電碼，只要自己掌握信號規則，哪怕被敵人看到，也絕不會洩密。而且，用這種方式傳遞資訊，速度是非常快的，可以說比直升機還要快一些。從山川到平原，從邊疆到內陸，正是有了烽火台的軍情傳遞，中國古代橫跨萬里的北方防線，才能連接成步調統一的軍事整體，這在世界歷史上也實屬罕見。

對於古代東西方的強者們來說，正是因為有着行之有效的軍情傳遞系統，他們才能知己知彼，百戰不殆，掌握戰場的主導權。那麼，他們在各自的征途中，究竟又會遇到甚麼未知的挑戰呢？

古羅馬軍事驛站遺址

烽火台

烽火台

烽火台又稱烽燧，是中國古代以煙火傳遞消息的高台，是古代重要的軍事防禦設施。烽火台的建築早於長城，但在長城出現後，長城沿線的烽火台便與長城結為一體，成為長城防禦體系的重要組成部分。古代邊防報警有兩種信號，遇有敵情發生，白天放煙叫「烽」，夜間舉火叫「燧」。

50　崛起之戰

羅馬最強盛的時候，地中海曾經是羅馬帝國的內海。但是在公元前 260 年那場著名的米拉海戰之前，古羅馬人甚至都不敢去這麼想。因為對於當時的他們來說，這似乎是一場不可能贏的戰爭。

面對無盡的大海，我會因為自己的渺小而感到茫然。我想，當羅馬第一次組建的海軍，面對來犯的海上霸主迦太基時，也會感到一種近乎恐懼的茫然。

當時，兩軍實力相差懸殊。如果把擁有 130 艘大型戰艦的迦太基海軍比作拳王泰森，那麼剛湊齊 100 艘小船的羅馬，就像是第一次打拳的菜鳥。所以，迦太基人一上來就發起了總攻，勢在必得。

然而，在這片海上，總會有奇跡發生。讓人始料未及的是，古羅馬海軍竟然毫不膽怯，反而像早有準備似的，開足馬力向迦太基艦隊直衝過去。經過半日的廝殺，古羅馬海軍首戰告捷，並擊毀敵艦 50 艘，俘虜 70 艘。這驚天的大逆轉，居然真的發生了。難道古羅馬人是有天神相助嗎？

其實，扭轉戰局的不過是一件由鐵鉤和木板組成的簡易工具，這件工具，史稱「烏鴉吊橋」。古羅馬人在當時幾乎不懂海戰，卻擁有強大的陸軍。他們全副武裝藏在船艙裏，等到敵人逼近後，便用吊橋鉤住敵船，一湧而出，

古羅馬帝國疆域圖

地 中 海

迦太基五層槳戰船　　　　羅馬三層槳戰船

將海戰變成肉搏。轉眼間，只懂得衝撞和對射戰術的迦太基海軍全面崩潰。古羅馬人這種揚長避短的戰術，是對手想像不到的噩夢。

這場海戰成為羅馬人爭霸西方歷史的開端。幾乎在同一時代的東方戰場上，一座小山頭也決定了上百萬人的命運。

高平老馬嶺。在附近的山頭中，這個山嶺是一個制高點。據《史記》記載，長平之戰的前哨戰就是在這裏發生的。

大秦統一六國的戰爭，可以說困難重重。公元前 262 年，一個強大的對手出現了，那就是驍勇善戰的趙國。據說，當時在長平總計部署了超過 100 萬的兵力，這大約是秦趙兩國總人口的六分之一。對於秦國來說，65 萬人的大軍更是賭上了所有，絕對不容失敗。讓我們走進古戰場，看看當時究竟發生了甚麼。

開戰的前幾個月，雙方都沒有甚麼進展，可誰都沒有想到，打破僵局的居然會是這樣一件事。秦軍有一隊偵察兵來到老馬嶺這裏，當時的趙軍在山頭已經修建了軍事據點。趙軍大概犯了輕敵的毛病，下來與秦國士兵發生了激戰。結果沒想到，趙軍敗了，更為嚴重的是，趙軍失去了這個制高點。這樣的話，整個軍隊必須重新部署，由此，趙軍變得很被動。秦人足智多謀，他們利用這次小勝，大肆宣揚趙軍膽小不敢進攻，這大大刺激了取勝心切的趙王。在他的一再要求下，趙軍被迫反守為攻。但他們並不知道，秦軍這一招叫作誘敵深入。死神即將降臨長平。

　　長平之戰紀念館賀金忠介紹說，在高平周圍，現在還保存着十幾個屍骨坑。那些屍骨有的沒有下半身，有的顯然受過傷。能夠看出，當時這裏全部都是戰場。

　　面對傾巢而出的趙軍，秦軍假裝潰敗，一路誘導敵人進入自己佈下的天羅地網。長平之戰，大秦軍團最終大獲全勝。秦人從這裏崛起，邁出了統一大業的第一步。

　　今天，刀光劍影的年代早已遠去。古代東西方強者們的軍事思想，就像一把堅強的保護傘，庇佑着幾千年不斷延續的文明血脈。

　　從長安到羅馬，我的探索之旅雖已接近尾聲，但也許不久之後，新的旅程又會再次開啟。我渴望再次凝視人類古往今來的大歷史，因為那裏藏着無盡的智慧和傳奇。

烏鴉吊橋

烏鴉吊橋又稱接舷吊橋，是羅馬海軍在戰船上所設的一種裝置。這種吊橋可以升降，吊橋前端有形似鳥喙的重型鐵釘，吊橋下落時，鐵釘可以刺入敵船的甲板，使得兩船相互固定，從而為羅馬士兵進入敵船提供通道。當時的羅馬並非海上強國。羅馬軍隊的強項是陸地作戰，缺乏海戰經驗。烏鴉吊橋使羅馬海軍可以匹敵強大的迦太基海軍。利用烏鴉吊橋，羅馬人把自己不擅長的海戰變成了自己最擅長的陸戰，贏得過多次戰役。

長平之戰

長平之戰是秦國率軍在趙國的長平（今山西高平）與趙國軍隊發生的戰爭，是秦趙兩國之間的戰略決戰。秦國將領利用趙國將帥急於求勝的弱點，採取佯敗誘敵等作戰方針，最終獲得勝利。長平之戰是春秋戰國時代規模最大、最為慘烈的一次戰爭，秦軍共殲滅趙軍45萬人，秦軍傷亡也近20萬人。經此一戰，趙國元氣大傷，秦國則加速了統一中國的進程。

CHANG'AN
MEETS
ROME

《從長安到羅馬》
專家談

注：作者文章按紀錄片出場順序排列

《從長安到羅馬》：
相知無遠近，萬里尚為鄰

蒙曼

　　古人說，讀萬卷書，行萬里路。當年，司馬遷若是未曾南登廬山，北至朔方，東下姑蘇，西瞻岷山，他的歷史認識便不可能如此恢弘通透，他的文章也不可能如此豪宕俊逸，他那彪炳千古的《史記》一定會大打折扣。同樣的道理也適用於我們這個《從長安到羅馬》攝製組。我們的組員們──有歷史學者，有中文教授，有音樂家，有美術家，當然還有導演和攝像，大家雖然在各自的領域都算是術業有專攻，但是，若沒有從西安到羅馬之間長達 6440 公里的奔走、對比、思考與講述，我相信，每個人對絲綢之路的認識，對東西兩大文明的認識也都會有所欠缺。至少，對我本人來講，一定是這樣的。

　　記得 2018 年秋季開學，我剛剛從羅馬回到北京，給學生講《中國古代史》的課程。我對他們說，中國的早期文明真「土」，土城，土房子，連我們深以為傲的陶器和瓷器都來自於泥土。與之相比，古羅馬就堅硬多了。它的一切都是石頭造的，石頭的路，石頭的宮殿，石頭的市場，當然，還有無處不在的石頭雕像。幾千年過去了，還都硬錚錚地挺立在那裏，在保存的完好程度上遠強於我國同時代的遺跡。乍一對比，真是驚心動魄。可是，行走了幾天之後，我卻得出了一個與之相反的結論：古中國文明基本是自身生長出來的，就像水稻和小麥從地裏生長出來一樣。它生長得不那麼快，但是，它的發展可持續。而古羅馬文明是打出來的，只要停止戰爭，停止從世界各地源源不斷地輸送物資，它的文明就要瓦解。換句話說，我們土，但也靭；他們硬，

但也脆，真是各有千秋。我出身於歷史系，系統學習過西方古代史，在去羅馬之前，還惡補過一段古羅馬史，但是，這個結論是我此前在看書的過程中從未真正清晰理解到的。我對學生說，這就是行走的力量。假如你無法身臨其境，你其實很難設身處地，而不設身處地，就沒有辦法真正了解彼此的異同。所以，我想，這部微紀錄片的第一個功用其實就是設定一個行走的目標，提起一個行走的興趣。在行走之中發現，一方水土養一方人，同時也發現，人又有那麼大的熱情和力量，去親近彼此，乃至隔山隔水永相望。

然而，組織這麼多人力物力去拍攝一部紀錄片，畢竟不是為了我們個人的收穫。我知道，這部紀錄片是要呈現給觀眾的，而呈現，又是另外一種專業技巧。其中，有一個我剛剛開始的時候感覺非常困擾的字——「微」。我們要拍攝一部「微紀錄片」，這個「微」字的具體解釋就是 5 分鐘。5 分鐘一個主題，讓我覺得非常不適。在學校上課，我們的節奏是 45 分鐘一節課，在《百家講壇》講座，時長是 40 分鐘一集，這都是比較相似的體量。可是這一次，我要在 5 分鐘完成一個主題，而且是非常宏大的主題。比如，古中國和古羅馬曆法的對比，古中國和古羅馬人格追求的差異，等等。我相信，這幾乎是學者窮盡一生也研究不透的主題。何況，就這 5 分鐘的時間，我還要行走，還要體驗，還要和意大利的專家交流，而且，往往是用英語磕磕絆絆地交流。不止一次，我幾乎和導演爭吵起來，告訴他，我不同意他的拍攝方法，我們不能把問題這麼簡單化。但是，等到節目剪輯完成，我倒也釋然了。我也罷，我們這個拍攝組也罷，其實是做一個引子，我們真正的功能不是研究，而是引導；不是解釋，而是發現。所以，我相信大家已經看出來了，在每一集的每一個主題中，我們都首先行走，在行走中好奇，在好奇後思考，在思考後詢問，在詢問後，試着給一個初步的回答。我們肯定沒有把每道題都答對，至少沒答完整，

那麼，觀眾朋友們，為甚麼您不去試試，接着我們的話題，做出自己的回答呢？我想，這就是這部「微紀錄片」的意義，也是它不啟用俊男靚女，而是讓我們這些不怎麼上鏡的學者帶大家旅行的意義。

拍紀錄片是一件複雜的事，但拍攝還不是問題的全部。回來之後，我們還要和導演反覆磨合文案，甚至還要為每一句話配音。要知道，在我的印象裏，配音是一種相當專業的工作，我們的聲音，怎能和專業人士相比呢？但是，在這個問題上，我非常欣賞主創方面的設計，畢竟，我們要的不是完美，而是鮮活。我們是一群鮮活的人，來到了兩座充滿活力的城市。無論是西安還是羅馬，都綻放出讓我們嘖嘖稱奇的魅力。我在古羅馬的城市廣場曬傷了眼睛，藥店的老闆想盡辦法給我介紹不同眼藥水的功能；我在西安的大明宮遺址外放了風箏，而那風箏的主人，一位厚道的西安老大爺對我的笨拙真是「哀其不幸，怒其不爭」……那城，那人，那困惑，那感動，那麼多真情實感，不就應該用我們真實的聲音來表達嗎！

幾千年前，一群拉着駱駝的人蹣跚着，走出了一條從長安通向羅馬的道路，這條路若隱若現，卻又始終不絕如縷。今天，這條道路已經成為中西文明交流的康莊大道。我們想和觀眾朋友一起走在大路上，不是「勸君更盡一杯酒，西出陽關無故人」，而是「相知無遠近，萬里尚為鄰」。

《從長安到羅馬》：
用心行走，感受歷史長河慢慢流淌

于賡哲

我是紀錄片《從長安到羅馬》出鏡專家之一于賡哲。我所居住的城市西安也就是古代的長安。因此這樣的一個紀錄片對於我來說簡直是感觸良多。從地球的這一端來到了地球的那一端，兩座城市在歷史上曾經通過一條漫長的商貿之路緊緊相連。而現在我們又重新從長安到羅馬，是用心將它走了一遍。

羅馬我是第一次來，站在羅馬的市政廳門前，我抬頭遠望，能夠看見三堵新舊不一的牆一字排開同時出現在視野裏，分別是古羅馬時代的、文藝復興時代的和現代的，那一刻似乎時間疊壓閃現，像一個珍珠的串鏈一樣，將歷史串聯，無比美妙，無比悸動，是一輩子難以磨滅的感覺。

古老的國家和民族往往都面臨着一個歷史與現實如何協調的問題。歷史有時候是財富，是精神支柱，但歷史有時候也是包袱。羅馬的一切令人尋味。在羅馬的街頭，我看見那些二戰時期的遺跡甚至是意大利「黑歷史」的遺跡保留如初。詢問意大利人，為甚麼這些東西還可以保留到現在？意大利人回答說：這就是歷史，不管好還是壞，它就是歷史。所以我們把它留到了現在，這樣一種對待歷史的態度，耐人尋味。也許拿得起放得下也是一種對待歷史的態度。

走過五月花廣場，看着布魯諾受難的紀念碑，又走到梵蒂岡，看着川流不息各色人種和微笑如花的修女導遊，你能感受到意大利對自己的歷史的坦然、反思與包容，歷史可以給人們提供文化底蘊，但是歷史不應該成為人們前進的

255

包袱。意大利人尋求量變，也尋求質變，羅馬帝國的興起、基督教文明的一統、文藝復興、對教會歷史的反思均發生在這裏，亞平寧半島這隻靴子在不斷攀登，不斷「揚棄」，在歷史的長河當中找到契合現代社會的積極因素，回頭看，但是又不是兩步退一步。這也許是意大利人豁達的世界觀的展現。

中國與意大利有着同樣長久的歷史，感受這種文化需要不同的維度。拍攝的過程也是觀察的過程，兩個古老的國家在歷史上曾經只是模糊知道對方的存在，雖然有絲綢之路的串通，但這條商路更多的是輾轉的貿易，兩國之間缺乏廣泛深入的溝通，但是兩國在極大的差異之外也有着那麼多的共同點，最令人感觸的也許就是我所從事的社會生活史，歷史深厚的民族似乎都喜歡生活的滋味，都喜歡生活的儀式感：中國人的酒與意大利人的酒、中國人的茶與意大利人的咖啡、中國人的戲曲與意大利人的歌劇、長安的油潑麵與意大利麵、蹴鞠與足球……

可能時間是兩個民族共同的塑造者，古老的民族閱盡人間春色之後，也許最愜意的就是自己與時間之間的消磨。從長安到羅馬這個拍攝的過程對我來說也是耳目一新的體驗，原因很簡單，因為我在大學上課，我也曾經登過電視講壇，但是像這樣的實景的紀錄片我也是第一次嘗試，而且在這裏才能充分領悟到那句話：「讀萬卷書，行萬里路」，走到古羅馬廣場，走到鬥獸場，走到萬神殿，你才能夠由衷地感受到那種攝人心魄的歷史現實感；走在大明宮，走在華清池，你才能夠切身地感受到那種歷史與我們今人的關聯。我願意用我們的腳，用我們的眼去幫助您看着世界。而且這部短小精悍的紀錄片也非常適合現代觀眾的閱讀觀看習慣，精美華麗、富有知識性，一個個場景就是吉光片羽。喜歡歷史，喜歡那種歷史長河慢慢流淌的感覺的人，也許最適合走一走「從長安到羅馬」這條路。

《從長安到羅馬》：我的音樂之旅

田藝苗

當時接到《從長安到羅馬》攝製組的邀請，我非常地興奮，長安和羅馬與東西方的音樂文明有着千絲萬縷的聯繫，這次能夠有機會實地探訪，去深入了解東西方音樂背後的故事，我覺得一定會是一次奇妙的體驗。而關於選題，我也開始了思考，鼓樂、秦腔、老腔、編鐘一一浮現在我的腦海中，這些聲音穿越古今，至今仍然撼動着我們的心靈。我心中也產生了一個疑問，是甚麼賦予了它們延續千年的力量？

帶着即將探訪古老音樂傳承的激動之情，我跟隨攝製組來到了西安這座十三朝古都。一踏上這片土地，我就感受到了它的豪邁和厚重，讓我對這裏的文化和音樂產生了更加濃厚的興趣。

作為一個南方人，我一直對大西北深沉、高亢的民歌非常好奇，那種豪放粗獷與南方的溫柔細膩千差萬別。很榮幸這次能夠有機會和陝北民歌歌王王向榮老師面對面交流，他為我揭開了陝北民歌的奧祕。一方水土養一方人，黃土地賦予了陝北人淳樸豪爽的性格，他們用歌聲傳遞心底最真摯的情感。在他們的歌聲中，我彷彿能看到奔騰的黃河水和蒼茫的黃土高原，能感受到農耕文明下人民對美好生活的嚮往。

西安的鼓樂也讓我印象深刻。一直以來，西方的交響樂都備受關注，而在一千多年前的唐代，中國竟也有這樣大型的交響樂隊。雖然後來宮廷鼓樂不再是主流，但依然在民間流傳。這一次在何家營鼓樂社，我看到了唐代流

傳下來的古譜，可是譜子上記載的內容我完全看不懂，問了才知道，他們是靠着一代代的口傳心授，讓何家營的音樂流傳了一千三百多年。這些地地道道的農民竟然用古老的樂器，演奏出了千年前的交響樂，真是讓我大開眼界。

在西安音樂學院，我還看到了各式各樣的琵琶，居然還有蓮花形狀的。據我了解，琵琶源自中東的彈撥樂器烏德琴，在兩千多年前經由絲綢之路傳入中國。而在絲綢之路另一端的羅馬，還有着琵琶的孿生姐妹曼陀鈴，我不禁想要一探究竟。來到羅馬我發現，雖然曼陀鈴的結構、形狀和演奏技巧都與琵琶十分相似，但表現風格卻截然不同。中國的琵琶，可以用來描述千軍萬馬的戰爭場面，而意大利的曼陀鈴，則多以清脆悅耳的旋律去表現浪漫。絲綢之路將一把古老的烏德琴，傳奇般地變成了一對各具魅力的孿生姐妹。儘管相隔萬里，但是，這兩個不同性格的民族，卻能用同一種樂器，講述各自的故事，在我看來，這就是文明交融的奇跡。

對於羅馬，我最深切的感受就是這裏真的是音樂的天堂，這裏的音樂也帶着意大利人骨子裏的熱情、浪漫。走在羅馬的街頭，總是能看到熱情奔放的街頭藝人，用極富感染力的演奏吸引着路人駐足觀看，這真是一道美麗的風景。而我也有幸成了風景的一部分，在那不勒斯的海邊，我們載歌載舞，一同演唱那不勒斯的民歌，那種無拘無束、自由的感覺，真是讓我十分難忘。

在羅馬國立音樂學院，我見到了畢業於西安音樂學院的聶紅梅，二十多年來，她一直在這裏學習美聲唱法，她的堅持令我動容。她說希望通過系統的訓練掌握意大利人發明的科學的發聲法，把它帶回祖國。我想，正是由於這樣一代代音樂人的傳承，這種優美的歌唱藝術才能在中國生根發芽，他們是東西方音樂溝通的橋樑。

作為研究古典音樂的人，我對歌劇有很深的感情，通過歌劇，能了解西方的歷史、文學和社會風俗。對於能在意大利欣賞原汁原味的歌劇，我非常期待。但讓我驚訝的是，在一個普通的小教堂裏，居然能欣賞到如此高水平的專業歌劇表演，可見歌劇已經完全融入到了意大利人的生活中。為了探尋歌劇《圖蘭朵》背後的祕密，我們來到了普契尼的故鄉盧卡。沒有想到，這部堪稱世紀經典的歌劇，居然是從一首中國的民歌小調《茉莉花》發展來的。著名作曲家普契尼無意間聽到了音樂盒裏傳來的《茉莉花》旋律，便以此為基礎構建了一個西方人想像中的中國傳奇故事。一首中國的民歌，居然以這樣一種形式在世界的另一端流傳，真是不可思議。音樂，不僅僅能用優美的旋律和飽滿的情感去打動人心，同時它也是文化交流的橋樑，東西方可以通過音樂來對話，共同譜寫包容和諧的篇章。

這是一次充滿感動的旅途，在其中我也有很多新奇的體驗。我第一次敲響了編鐘，在管風琴上進行了演奏，我還體驗了古塤的製作，看到了古老的小提琴的修復，這一切都讓我對於音樂有了更深的體悟。東西方的音樂各有各的特點，不同民族的性格讓它們有了不同的表達，但他們的音樂中都傳遞出一種震撼人心的力量，那是時間的積澱，也是文明的交融碰撞中迸濺出的火花。

很榮幸這一次能夠參與微紀錄片《從長安到羅馬》的拍攝，從長安到羅馬，從酷暑到嚴冬，我深深地感受到了紀錄片拍攝的辛苦。實地的走訪讓我更多地了解了音樂背後的故事，更深地感受到兩種文明的傳承交流，我迫切地想要把這些感受分享給觀眾。這次採用的微紀錄形式，是對傳播音樂文化的一種新的探索，這種形式十分新穎，讓觀眾能夠更輕鬆地感受音樂的魅力，也讓我很受啟發。在未來的音樂文化傳播過程中，這種形式也值得推廣。

這一次的長安羅馬之旅讓我十分難忘，雖然旅程已經結束，但我們依然可以從音樂中去感受文明交融的力量。

《從長安到羅馬》：
一部「一帶一路」題材的精品紀錄片

何茂春

　　百集微紀錄片《從長安到羅馬》，是中央廣播電視總台與意大利國際合作的一個非常好的典範，具有很高的文化歷史價值和藝術性，是一部關於「一帶一路」題材的紀錄片精品。

　　應當說，自「一帶一路」倡議提出以來，在中外媒體合作共同表現「一帶一路」文化、歷史各個領域的影視項目中，《從長安到羅馬》是第一部，也是迄今為止內容和容量最大的一部大型紀錄片，中外合作雙方都投入了巨大的人力、物力。

　　《從長安到羅馬》的策劃是非常成功的，從目前來看，「一帶一路」倡議提出的六年多來，中國與相關國家共同合作打造東西方文化比較的片子，是一種非常寶貴的探索。這部紀錄片的策劃角度十分新穎，它超越時空，將不同的文化、不同的社會體制、不同的意識形態、不同的價值體系放在「一帶一路」的語境下，用文明互鑒的方式講述了一個人類歷史文化的偉大故事，這是它獨特的價值。

　　這部紀錄片之所以能夠成功，首先應當歸功於策劃班子高度的思想文化責任感，同時也要歸功於非常有戰鬥力的編導主創團隊。在參與拍攝的過程當中，無論是在西安，還是在羅馬，我看到了趙偉東導演還有央視的編導們辛勤的勞動和工作，看到了許多令人感動的場景，整個拍攝團隊在

工作中不分晝夜、不分嚴寒酷暑，非常投入，他們這種頑強的拚搏精神、精益求精的敬業精神以及團隊每個人的犧牲精神，給我留下了很深的印象。

這部鴻篇巨作之所以能夠在很短的時間之內順利完成，得益於領導的高度重視、策劃班底嚴謹求實的工作作風和編導攝製團隊的專業能力，拍攝中的每一個細節安排都很到位、各個方面的溝通都非常有效，作為參與策劃、參加現場拍攝的受邀專家，我在這裏面學到了很多的寶貴知識，受益匪淺。

從我這個跨行業的外行人對這部片子的角度來看，製作一部非常優秀的紀錄片，離不開大家的團結和努力，要協調方方面面，對於攝製組和參與專家來說，是一件非常不容易的事情，中外合作更不容易，需要極大的耐心和克服困難的能力。同時，完成這樣一個龐大而複雜的項目，需要面對很大的風險和諸多挑戰，在策劃和拍攝過程中，無論是早期對項目的選題論證方面，還是到後來中國跟意大利的國家合作層面，都出現了一些令人意想不到的重大變化，如何根據形勢的變化，迅速及時地做出恰當的調整，對於策劃和主創團隊來說，都是巨大的挑戰。攝製組在這個方面的應變能力、寫作能力，以及在很短的時間之內能夠出成果的執行能力，都讓我感到非常震驚。

在中國攝製團隊與意大利團隊的合作過程當中，我看到雙方反覆不斷地磨合、互相理解、相互包容，同時也在互相學習和借鑒，這讓我十分感慨：不僅在古代，不同文化、文明之間的合作融合不容易，在今天也同樣不容易。但是我也看到，只要大家求同存異、互敬互讓，任何困難都是能夠克服的。這部紀錄片的成功又一次證明，世界文明可以走向

融合、走向聯合，人類的大同和共通是一定能夠建立起來的。

紀錄片《從長安到羅馬》之所以能夠獲得成功，就是因為大家的精誠合作，這種合作有一個共同的前提，就是大家對這部紀錄片的熱愛、以及對中外文明共同的探究精神。無論是中國國際電視總公司的老總、製片組，還是團隊的策劃、編導、攝影、技術，大家都在追求卓越，正是由於整個製作團隊鍥而不捨、精益求精的工作態度，方方面面默契的配合，才完成了這個看似不可能完成的艱巨任務。

其實，作為一名出鏡露臉的專家，在西安拍攝了幾天，在羅馬拍攝了幾天，我個人參與的時間是有限的。不過，就是在這個很短的時間之內，我也感受到了相互配合、相互尊重的重要性。我看到，在我參與的前期拍攝、後期配音的工作中，每一個環節，每一個鏈條，都離不開各方面的努力和配合。雖然時間短暫，但也讓我深受啟發，我發現不同的文明就是我們各自不同的行業和職業，我們也要相互尊重、相互學習，只有這樣，我們才能夠把一件事情在很短的時間之內做得非常完美。

《從長安到羅馬》：
奇妙的旅行

李山

有幸參加《從長安到羅馬》節目的製作，這是一次奇妙的旅行，奇妙的經歷。

在今天，世界這麼大想出去轉轉，不難。可是，這次來往於西安（古長安）和羅馬之間，還是難得的奇妙體驗。

到西安，總得看兵馬俑，可是近距離地看兵馬俑，在博物館的先生的指點下看那些俑上細節；在兵馬俑博物館倉庫裏看出土的銅戈，兩千多年依然鋥亮如新，戴着手套還可摸一下，是何等的長知識，何等的難得，何等的運氣！

坐老遠的飛機到羅馬，到鬥獸場凱旋門前走走望望，拍幾張照片，只要有時間、有心情，對當今的人也不是遠不可及吧。可是在圖拉真紀功柱下面的博物館，看館藏的大柱子上掉落下來的那些石柱，聽那裏的館長講石刻圖象的內涵，可就不是找個導遊聽聽他們的解說能比的。這一切都是此次的紀錄片製作所賜。

拍攝的第一站是凱旋門。像我們學中國上古文學文獻的，難免對世界其他同時代的文化感興趣，如對古希臘羅馬就興趣頗深，起碼關於古羅馬的歷史，還是看了一些書的。像凱旋門，講世界建築史的書一般都會講。到羅

263

馬後，看到有當地出版的《羅馬——從古到今》，雖是旅遊指南一類，因為沒有見過，還是買了。其中就有凱旋門清晰的圖片。可是，真的到了君士坦丁凱旋門下，仰頭觀望，有些能看出一些眉目，如頂部寫着的拉丁文，介紹的書中就有，其大意是：君士坦丁大帝在神的光照下獲得戰爭勝利。凱旋門是紀功的，與圖拉真紀功柱有相似性。中國的古人紀功，不修門，也不豎柱子，往往是鑄造銅器，在上面刻寫功績。中西差異，不奇怪。再看凱旋門，位置僅低於那寫有頌揚文字的地方，是四根大柱子，柱子之上站立着四位（看不到的兩側還有兩位，共六位）美男子的塑像，都是兩手交叉，俯身的姿勢站在那裏。導演問了一句：那些人是誰？是人還是神？是啊，他們是誰？是人，還是神？查新買的資料，沒有交代；找網絡視頻，也無答案。鬱悶。

經多方打聽，最後找到一位意大利的歷史學家。給出的答案是：站在凱旋門頂端的那些美男，是戰爭中的戰俘（應該是被征服地方的領袖人物）。啊？原來是這樣！那樣一個顯赫的位置，竟然可以雕塑那些被征服者的形象，真是匪夷所思。而且，那位歷史學家還給提供了一些示意圖，紅綠等不同的圖線，顯示着君士坦丁凱旋門各部分。原來這座門的石雕，有的來自圖拉真廣場，有的來自馬克奧里略圓柱，是拆東牆補西牆似地建成的，那示意圖就顯示的是各部分的來歷。謝謝這位羅馬的學者！

有一句話說：「地下的文物看陝西。」是的，兵馬俑就是最著名的。相對而言，這次去羅馬，「地上的」文物多。在鬥獸場、凱旋門及其周邊，成片的遺址，到處是古老的石頭：或整或殘的人、神塑像、石牆、石柱等等，橫倒豎臥，斑斑駁駁，兀然而在，穿越兩千多年的時光，向人們默示自己的歷史內涵。另外如亞庇大道，兩千多年了，還在使用着，拍攝的時候，不時有

自行車、小汽車駛過。路面據說是中世紀鋪設的，方墩形的砌路石塊要比下面羅馬時代的石塊小不少；有些地方，羅馬時代的石頭也有露出來的。路邊，則是從羅馬到中世紀時代的各種墓葬墓碑。羅馬軍團，是軍隊也是建築隊，征服到哪裏，就修建到哪裏。不消說，秦王朝也善於營建，而且多大工程。在陝西旬邑（古稱雲陽）的秦國直道，因為是劈山填壑造、截彎取直，因為古代中國人特有的自在習慣，是黃土路，今天只有遠看方可見其痕跡，附在半山坡的路已經荒蕪了。可是，古道旁邊的馬路，仍然是車快如飛，連接着遠方。古老的道路，連接不同的地方，也牽連着千百年的古今。有史書記載說，秦國修建的大道總里數，是不亞於古羅馬的。在當時，條條大路通羅馬，也是條條大路通咸陽的。

在亞庇古道拍攝，短暫的空隙間還能嚐到野味。有一種生在路邊的植物，在羅馬的餐館裏可以吃到，叫作花生菜，這種菜在羅馬到處都有，休息一下，坐在古道邊的石頭上，身邊到處是花生菜。若不嫌不洗不衞生，拈一片葉子放在嘴裏，味道異樣的鮮美。當然還得防着點羅馬蚊子，好傢伙，尖嘴蚊子釘鐵牛，牠們搞穿越是可以咬透褲子的！

不過，除了古典的遺跡外，羅馬也是光景常新的。最動人的，要數那些羅馬傘松。這極有姿致的松樹，遺址的土坡上，現代的大路旁，到處都有。高矮有別，樹皮多呈紅色，像國畫中未加墨的赭石塗抹出來的。俏麗的是它的樹冠，樹冠上揚，粗碩的枝條根根透露，整個樹冠很像過去若干年流行的女士「青年頭」，關鍵是這些「髮式」都是長在「長頸」上的，飄逸俊雅。一下飛機，就注意到了它們，據說這種樹只在羅馬生長，所以稱羅馬傘松。這次我們住在羅馬市區北邊名叫博爾托的小鎮上，是通向北方的要地。房間在家庭旅館二層，坐在陽台上，正好看院子前方的兩

棵羅馬傘松，相陪相伴，相應相襯，真是一道漂亮的景兒。古老的土地，生機無限。

在離亞庇不遠的地方有一所羅馬角鬥學校，地方不大，可是來體驗的人不少，我們在那段不長的時間裏，就看到有來自美國的小孩子來這裏體驗。該校的校長接待我們，講羅馬軍人的頭盔怎麼戴，軍旗有甚麼講究，以及投槍的結構和使用等等。在陝西的周至，終南山腳下的古老村落，也有一個王鐵匠，開了一間打製古代兵器的鋪子。他還給我們打造了一件鐵戈，製作了一架簡易的威力不小的弩器。

羅馬、陝西，都有人在努力追尋各自的過去，其實是古老文明傳統延續的表現。這延續也正是我們這次來往於長安與羅馬之間的用意。東西古老文明，在延續中相遇交融，人們的生活會因此而變得更加豐富、有趣。

奇妙的旅行，令人回味。

世界的大門

桂多・巴羅擇提 / 意大利國家電視台主持人

世界應當是這樣，一扇門為你打開，另一扇門又在前方招手。每推開一扇門，就是相遇和訴說相遇的時刻。

一天午後，在半圓廣場，一位遠道而來的東方來賓想要講述羅馬，向世人講述羅馬給世界帶來的諸多回憶和美好。在共和國廣場上，勝利之鷹甦醒過來，它曾經是統治整個地中海地區帝國的權力象徵。在數個世紀中，這個帝國孕育了像神聖羅馬帝國這樣的普世主義，以及對無上權力的極度渴望。維吉爾的詩篇再度迴響。《埃涅阿斯紀》，這部偉大的史詩，記載了羅馬最初的統帥及其使命。在特洛伊滅亡之後，埃涅阿斯一路輾轉。最終，他在台伯河口靠岸，開啟了偉大羅馬的序篇。拉丁文學王冠上的詩人交織浮現。卡圖盧斯永不滿足的愛，奧維德的愛的藝術，賀拉斯的遊絲飛絮紛至沓來。那一刻，過往雲煙似乎因相遇而重生。深藏在每個人心底的豐富情感，跨越萬里之隔，在此刻顯露無疑，相互碰撞。

在那樣一個午後，一座羅馬的廣場，點燃了共用與理解的火花。這是文明的火花，超越時空，讓我們相知。

為了更加相愛

保羅・卡里諾／意大利國家電影學院導演，漢學家

我並非出生在羅馬。30 年前，我從意大利南部的那不勒斯來到羅馬學習中國語言和文化。對一個外省人來說，羅馬猶如月亮，是照亮一生的目的地。在 1980 年，羅馬到西安的距離，就像地球到月球的距離，相距幾百萬公里。幾個月後，我終於如願以償來到中國。身為意大利人，我不得不承認，在我心中，天平曾倒向永恆之城。身為二十來歲的年輕人，我想，我們屬於兩個非常遙遠的世界，很難在一起。而那時我沒有想到的是，我們的先人早在兩千年前就認識了，彼此欣賞，而且早就意識到了對方的文治與武功。

回首往事，那位 20 歲的懵懂小夥彷彿就在昨天，而如今 40 年過去，已有數以億計的中國遊客來到羅馬，踏上古老的街道，欣賞她的壯美。人類能夠完成無法想像的事業，科技進步消除了空間的隔閡。如今，我們在這裏，向天子的後人講述羅馬，向西塞羅的後裔講述西安。對我來說，能夠參與《從長安到羅馬》，就像在中意友誼之路上，鋪就另外一塊小石頭，這是讓我們彼此更加相愛的方式。因為，惟有相知，才有真愛。

CHANG'AN
MEETS
ROME

從長安到羅馬（第一季）

中央廣播電視總台 中國國際電視總公司　編著

責任編輯　楊　歌
裝幀設計　吳丹娜
排　　版　吳丹娜
印　　務　劉漢舉

出版
中華教育
香港北角英皇道四九九號北角工業大廈一樓 B
電話：（852）2137 2338　傳真：（852）2713 8202
電子郵件：info@chunghwabook.com.hk
網址：http://www.chunghwabook.com.hk

發行
香港聯合書刊物流有限公司
香港新界荃灣德士古道 220-248 號樓
荃灣工業中心 16 樓
電話：（852）2150 2100　傳真：（852）2407 3062
電子郵件：info@suplogistics.com.hk

印刷
美雅印刷製本有限公司
香港觀塘榮業街六號海濱工業大廈四樓 A 室

版次
2022 年 10 月第 1 版第 1 次印刷
©2022 中華教育

規格
16 開（170mm×230mm）

ISBN
978-988-8808-42-7